AF747943

Rue des Écoles

Le secteur « Rue des Écoles » est dédié à l'édition de travaux personnels, venus de tous horizons : historique, philosophique, politique, etc. Il accueille également des œuvres de fiction (romans) et des textes autobiographiques.

Déjà parus

Covas (Madeleine), *Frédéric l'enfant-soleil ou la vie à l'envers*, roman, 2016.

Jalat-Blanchet (Jean-Paul), *Il était une fois à Ouessant*, récit, 2016.

Larbodière (Marie-Flore), *Une si violente solitude*, roman, 2016.

Thibault (Jacqueline), *À haut potentiel*, récit, 2016.

Simon (Christine), *Par les rues*, récit, 2016.

Bernard (Laurent), *Une irrésistible intuition*, roman, 2016.

Auclair (Jean-Baptiste), *Les années oubliées*, roman, 2016.

Sauvil (Pierre), *Une armure de paillettes*, roman, 2016.

Henri (Christian), *Masque noir*, roman, 2016.

Lotito (Gaston), *Comme on parle à ses rêves*, roman, 2016.

Cornman (Julian), *Déréliction*, essai, 2016.

Breynaert (Jacques), *Atypique, ou l'éloge de la médecine*, témoignage, 2016.

Ces douze derniers titres de la collection sont classés par ordre chronologique en commençant par le plus récent.
La liste complète des parutions, avec une courte présentation du contenu des ouvrages, peut être consultée sur le site www.harmattan.fr

Le monde dans 3000 ans

© L'Harmattan, 2017

5-7, rue de l'École-Polytechnique, 75005 Paris

http://www.editions-harmattan.fr

ISBN : 978-2-343-10976-3
EAN : 9782343109763

Emmanuel Arnaud

Le monde dans 3000 ans

Essai

L'Harmattan

Du même auteur

Aux Editions Métailié

Arthur et moi, 2011

Le Théorème de Kropst, 2012

Topologie de l'amour, 2014

Jeunesse

Aux Editions du Rouergue

Les Trilingues, 2006

La Gloire de mon frère, 2007

Une saison Rimbaud, 2009

Je sens pas bon, 2009

Pour Delphine

SOMMAIRE

Introduction

Deux mots sur l'auteur et son projet

D'habitude, les gens vous présentent des visions du monde à trente, cinquante, au maximum cent ans. Par exemple, l'OCDE, la Banque mondiale, ou bien encore Jacques Attali, font régulièrement ce genre de choses.

Pour ma part, je vous propose une vision du monde à trois-mille ans. Vous êtes légitimement en droit de vous poser la question : mais qui donc est ce garçon pour oser ainsi s'adresser à nous et prétendre nous enseigner de quoi les prochains millénaires seront faits ?

Eh bien, je dirais simplement, de même que Leonard de Vinci se parait de toutes les qualités dans une fameuse lettre adressée au duc de Milan, que la nature m'a accordé les dons nécessaires à une pareille entreprise, et que s'il y a une personne qui peut s'y embarquer, c'est bien moi. - Jugez-en plutôt.

Dans ma jeunesse, j'ai été aussi haut qu'on puisse aller dans les études scientifiques. J'ai fréquenté les classes préparatoires scientifiques du lycée Louis-le-Grand, j'ai intégré la section physique de l'école normale supérieure, puis le corps des ponts et chaussées, comme il s'appelait encore à l'époque. Il s'agit là clairement de la meilleure formation scientifique française possible, de laquelle de nombreux prix Nobel et médailles Fields sont d'ailleurs issus. Cela prouve que j'ai un cerveau bien fait, et cela me donne surtout encore aujourd'hui la capacité de comprendre sans trop de difficultés les diverses innovations technologiques qui sans cesse apparaissent dans nos sociétés.

S'agissant des « sciences économiques », comme on a coutume de les appeler, j'ai la prétention de croire que je suis presque tout aussi calé. Je suis diplômé d'un PhD de l'école d'économie de Paris, j'ai étudié les mathématiques financières dans le plus prestigieux master français en la matière, le fameux « El Karoui », j'ai publié divers articles et ouvrages, en économie publique notamment. Chose plutôt rare, j'ai par ailleurs complété ces enseignements par la pratique professionnelle de l'économie et de la finance dans les secteurs publics comme privés. Cela me permet notamment de pouvoir comprendre et anticiper les conséquences économiques de toutes les innovations technologiques que je mentionnais au paragraphe précédent – cela n'est pas si courant.

Cette connaissance de l'économie est en outre secondée d'une solide expérience pratique des structures sociales de nos sociétés contemporaines occidentales, du fait de mon parcours professionnel, désormais vieux de plus de quinze années, en France comme dans le reste du monde. Cette expérience m'a notamment permis d'acquérir un solide bagage juridique, puisque j'ai activement participé à l'élaboration de la norme juridique, et j'ai même « fait du contentieux », comme on dit chez les avocats.

En outre, figurez-vous que je suis également auteur, auteur de romans, non pas de renommée internationale, certes, mais non pas totalement inconnu non plus, puisque j'ai publié pas moins de sept romans dans des maisons d'édition aussi prestigieuses que Rouergue et Métailié, des romans jeunesse, des romans illustrés, des romans de littérature générale, dont certains ont d'ailleurs été adaptés au théâtre, voire pour l'un d'entre eux traduit même en coréen, et qui ont généralement reçu un accueil favorable de la critique. Il en résulte que j'ai les facultés d'imagination requises pour mener à bien la tâche que je me suis fixée, ce qui n'est pas le moindre de mes atouts.

J'ajouterais que j'ai toujours naturellement aimé la rhétorique, qu'on a toujours loué mes talents d'orateur, et que je me suis vu d'ailleurs dès l'âge de seize ans décerner un prix national en la matière. Cette sorte d'instinct naturel de pamphlétaire n'est pas mauvais pour le type d'essai que je me propose d'écrire aujourd'hui.

Enfin, et ce n'est pas aussi anecdotique qu'on pourrait le croire, je suis également un excellent joueur de tennis, membre du Tennis club de Paris, à ce jour, certainement le meilleur club de tennis de France, du moins le dernier dans lequel on distribue serviettes et balles aux joueurs avant qu'ils entrent sur le court. Ce que je veux dire par là est que je ne suis donc pas un *pur cerveau*, ni un mauvais geek déconnecté de la réalité comme on en voit tant dans les entreprises du secteur des NTIC ou dans les laboratoires.

Voyez pour terminer cette présentation flatteuse le point crucial suivant : c'est la conjonction en une même personne, encore relativement jeune, de tous ces dons, et non la qualité extrême de l'un d'entre eux, qui fait ma rareté et mon prix, qui m'a pour de bon incité à me lancer dans ce texte, et qui devrait également vous inciter à le lire.

J'ai passé les dix dernières années de ma vie à élaborer la vision du monde qui vous est présentée dans les pages qui vont suivre. De jour en jour, je la vois se confirmer, il est grand temps que je la publie avant qu'elle ne soit pleinement réalisée.

Vous ne trouverez dans ce texte ni « scènes », ni drame, ni tragédie. Ce seront juste des projections, un flot d'idées, dont j'ai la prétention de penser que certaines sont originales. Cela ne vous montrera pas seulement la vision de ce qui pourrait nous attendre dans trois-mille ans, cela vous montrera aussi, et peut-être surtout, *comment* nous y arriverons, c'est-à-dire quelles étapes nous devrons franchir pour atteindre cet état futur. Bref, la dynamique de notre évolution.

Amis lecteurs, vous allez voir, ce sera passionnant, peut-être même plus passionnant qu'un roman, parce que cela vous montrera ce que vous, vos enfants, vos petits-enfants et tous leurs descendants deviendrez, si je ne me suis pas complètement égaré dans mes anticipations.

Allons-y donc, c'est parti pour le futur !

Chapitre 1

L'expérience fondatrice - vers 2035

Nous commençons par là où souvent tout commence dans l'histoire humaine : dans approximativement vingt ans, un chercheur va faire une découverte extraordinaire.

Laquelle ?

Que les hommes pensent mieux quand ils sont assis et isolés de leurs semblables que quand ils sont debout et entassés les uns sur les autres.

Cela n'a l'air de rien, et cela vous paraîtra peut-être même amusant, mais je peux vous assurer qu'une fois que cela sera *prouvé*, cela va changer le monde.

Or pour que cela soit prouvé, il faut que soient réunies des conditions bien particulières, c'est tout l'objet de ce premier chapitre.

Il nous faut tout d'abord un chercheur un peu farfelu.

Un chercheur standard ne songerait en effet même pas à prouver de telles vérités, qui sont pour lui clairement hors du champ de la science. La découverte ne peut venir que d'un individu à part, travaillant aux marges du rationnel, voire contestant même directement l'ordonnancement de la connaissance, tel que nous le connaissons aujourd'hui, et en particulier la scission entre sciences pures et ce que l'on appelle avec beaucoup d'ambition « sciences sociales ».

Notre homme pourrait être, par exemple, un physicien qui aurait décidé d'appliquer les lois de la physique à l'économie – on appelle cela un « éconophysicien ». Or cela tombe bien, j'en ai justement connu un dans ma jeunesse.

Afin de mener les expériences « d'éconophysique » donc, qui le conduiront à sa découverte, notre chercheur doit, en outre, se sentir absolument libre de toute contrainte financière, sans quoi jamais il ne pourra évidemment justifier auprès de sa hiérarchie un programme de recherche visant à tester la véracité d'une assertion aussi ridicule que celle qui figure en sixième ligne de ce chapitre.

Heureusement, parfois, avec un petit coup de pouce du destin, ce genre de miracle arrive encore de nos jours.

Dans le cas de notre chercheur, il suffit de supposer qu'un jour, l'un de ses modèles d'éconophysique parvienne par chance à prévoir avec succès un important krach boursier touchant certaines catégories de produits financiers dérivés à la mode. - Ne riez pas, la chose s'est déjà vue. Immédiatement, une banque d'affaires, belge par exemple, rachètera à notre chercheur pour une fortune les droits exclusifs d'exploitation de son modèle. Et même si ce modèle d'estimation des krachs ne produira par la suite plus aucune prévision exacte et contribuera largement à discréditer pour de bon l'éconophysique dans les milieux financiers, ce n'est pas bien grave pour la suite de notre histoire.

Ce qui nous importe à nous, c'est que notre chercheur soit désormais pour de bon libre de ses mouvements et riche comme Crésus.

Je l'imagine, notre chercheur, insouciant, gai comme un pinson, et sur un coup de tête, après s'être un soir de juin longuement promené dans la grande galerie de l'Évolution du jardin des Plantes, crier, eurêka, avant de débuter le cycle d'expériences qui changera sa vie, et le cours de la civilisation humaine par la même occasion.

Cette expérience fondatrice, quelle est-elle ?

La détermination de ce que l'on appellera à sa suite les « constantes de l'éconophysicien ».

Le principe de l'expérience est relativement simple : il s'agit d'enfermer le plus longtemps possible une poignée d'êtres humains dans un même lieu clos, en ne leur laissant pour seule occupation possible que de communiquer entre eux à distance, c'est-à-dire par écrans interposés, sans qu'ils puissent ni se voir, ni se toucher, ni même s'entendre.

Dans l'expérience menée par l'éconophysicien, le panel compte entre cinq et huit individus, mais ce nombre n'est pas déterminant.

La période de temps doit être assez longue, une semaine, au minimum.

Le lieu clos est une grande salle informatique banalisée renfermant des ordinateurs, des tables étroites, des chaises en bois, des murs blancs, et des box fermés – et c'est tout. Pas de décoration aux murs. Pas de fenêtre. Une seule porte, fermée pendant toute la durée de l'expérience.

Imaginez alors chaque individu assis devant son poste d'ordinateur.

Il est séparé de tous les autres par les cloisons opaques de son box. Excepté pendant certaines périodes incompressibles de repos et de satisfaction des besoins corporels, il ne fait pendant toute la période de son enfermement qu'échanger par écrans d'ordinateur interposés avec ses camarades d'infortune, en utilisant une messagerie électronique instantanée spécifique au protocole expérimental que le chercheur a défini. Les ordinateurs ne sont évidemment pas connectés au réseau Internet extérieur. Ils sont dépourvus de tout logiciel de bureautique ou de loisirs. On ne peut utilement s'en servir que pour l'échange de messages instantanés – c'est précisément l'objectif poursuivi.

Chaque participant a donc à tout instant le seul choix, simple, entre l'oisiveté absolue et l'échange de messages avec ses compagnons d'expérience.

Il est en outre dès le départ précisé à chacun qu'il ne sera ni au cours ni à la suite de l'expérience possible ni de rencontrer, ni même de connaître les identités des autres participants. Toute entrave à cette règle est synonyme d'exclusion.

Le chercheur, à l'aide du réseau intranet, enregistre l'intégralité des messages qu'échangent les participants.

Pourquoi ?

Parce que son objectif est de déterminer s'il existe des *constantes* dans l'évolution du contenu des conversations entre les participants à son expérience.

Quels sont les résultats ?

Ils sont à la fois fascinants et complètement inattendus.

Le chercheur constate non seulement qu'il existe bel et bien des constantes robustes dans l'évolution du contenu de ces discussions humaines, mais encore que ces constantes sont indépendantes de l'appartenance des participants aux différentes catégories d'êtres humains que l'on peut considérer - sexe, âge, nationalité, religion, profession, etc.

Ces constantes évolutionnaires prennent la forme d'une succession claire et ordonnée de différents stades intellectuels des propos tenus : après qu'une traditionnelle phase de présentation de soi ait pris fin, et lorsque les sujets relatifs à la vie quotidienne, comme la météorologie par exemple, se sont épuisés, la discussion petit à petit immanquablement s'oriente vers des sujets de plus en plus conceptuels, liés à la science, à l'art ou à la philosophie - en passant généralement par des étapes semi-conceptuelles de la pensée, comme l'organisation politique de la nation ou la psychologie.

Autrement dit, et pour faire simple, au cours de l'expérience et dans les strictes conditions que le chercheur a définies, irrémédiablement, « le niveau de la discussion s'élève ».

Et c'est précisément ce qui est fantastique, ami lecteur.

Le chercheur vérifie que s'il relâche l'une ou l'autre des hypothèses fortes de son modèle - si par exemple il donne aux individus la possibilité de se rencontrer physiquement à un moment ou à un autre, les mêmes évolutions et les mêmes constantes ne sont plus observées.

Bien que lui-même soit ainsi convaincu de la portée de sa découverte et qu'il passe plusieurs années à déterminer avec exactitude la valeur des constantes qu'il a mises à jour, je vous parie que les travaux de l'éconophysicien resteront pendant des décennies largement ignorés par la communauté scientifique.

Rétrospectivement, on s'apercevra pourtant qu'il avait mille fois raison et que ses travaux ont eu une influence décisive sur l'évolution des civilisations humaines.

Ce sont eux en effet qui le premier auront permis aux hommes de comprendre que si l'objectif d'une civilisation est d'inciter les hommes à acquérir toujours plus de connaissances, alors une organisation des communications et, plus généralement, de la société, respectant au plus près les conditions des protocoles d'expérimentation de notre chercheur, constitue un optimum de premier rang.

C'est un enseignement majeur, parce que c'est le premier pas vers le développement d'une civilisation intégralement et exclusivement fondée sur le Progrès, et non sur le progrès, dans le cadre d'une structure économique donnée. – Vous voyez la nuance ?

Amis lecteurs, nous pouvons désormais passer aux étapes suivantes de notre récit.

Chapitre 2

Les *Représentations* - vers 2070

Ami lecteur, évidemment, l'expérience fondatrice que nous avons décrite mènera dans quelques centaines d'années à une révolution globale dans l'organisation de nos sociétés, sinon je ne vous en aurais pas parlé.

Cependant, pour que cette révolution soit seulement possible, il faut d'abord que se produise un autre cataclysme, d'ordre technologique celui-là, qui en constitue, nous le verrons, un autre strict prérequis.

Ce séisme technologique, nous l'appellerons, « Les *Représentations* ».

Dans quel champ du savoir se produit-il ?

Celui des NTIC. Et nous nommerons son initiateur « l'entrepreneur », car c'est un être purement générique, dans la droite lignée des Bill Gates et des Mark Zuckerberg.

À quoi ressemble son innovation ?

À des rêves.

Plus précisément, les *Représentations* projettent l'esprit de leur utilisateur dans tout univers qu'un autre esprit humain a pu observer ou concevoir à un quelconque moment de l'histoire humaine.

Dit comme cela, cela fait un peu futuriste, mais c'est en réalité une idée vieille comme le monde.

Lorsque pendant la préhistoire, pour se délasser l'esprit, les hommes peignaient des figures de bêtes sur les murs des grottes qu'ils habitaient, ils concevaient déjà pour leurs semblables les prémisses de telles *Représentations*, n'est-ce pas ?

Et que sont le cinéma, le théâtre, la littérature ?

Qu'apportent alors les *Représentations* par rapport à tout cela ?

Pour bien le voir, revenons un instant à nos figures de bêtes.

En 2016, si vous avez envie de les contempler, comment faites-vous ?

Lascaux est fermée depuis belle lurette. Vous pouvez naturellement toujours vous rendre dans son clone, la grotte fac-similé « Lascaux II », mais enfin encore faut-il pour cela consentir à faire le chemin jusqu'en Dordogne, et ce n'est évidemment de toute façon pas tout à fait la même chose, n'est-ce pas ? Rien que l'aire de pique-nique à l'entrée rend sceptique.

Le plus vraisemblable, en particulier si vous n'êtes pas Français, est donc que vous ouvrirez un livre dans lequel vous regarderez une photographie de mauvaise qualité desdites fresques rupestres, ou plus vraisemblablement encore, vous taperez sur Google, « Lascaux », et vous verrez tout ce qu'on peut en voir sur Internet.

Voilà où nous en sommes aujourd'hui.

À l'époque de l'entrepreneur maintenant, comment fait-on pour contempler ces mêmes fresques ?

Eh bien, on se connecte au réseau des *Représentations*, on formule le souhait de découvrir ces œuvres, et soudain, **directement à l'intérieur de notre esprit,** s'affichent instantanément ces dessins qui tapissaient, et qui pour certains tapissent encore aujourd'hui les grottes de certaines régions du globe.

L'idée de base est que la *Représentation* est en tout point identique à ce que pourrait observer celui qui se rendrait physiquement sur place, c'est-à-dire à l'intérieur de ces grottes, et qui y contemplerait ces merveilles.

Tout se passe donc comme si on vivait un rêve dans lequel on visiterait cette grotte pour en admirer les beautés.

Et ce qui est vrai des peintures rupestres l'est aussi des concerts, des expositions, des opéras, des pièces de théâtre et de toutes les autres œuvres d'art.

Les *Représentations* incluent toutes ces formes artistiques, mais ce n'est là en réalité qu'un exemple pour illustrer mon propos, elles incluent beaucoup plus généralement toute forme de connaissance qui était jusqu'ici uniquement accessible sur un support réduit à une ou deux dimensions, comme l'Internet, l'ordinateur ou la télévision.

Imaginez par exemple, que vous regardiez en 2016 un reportage de *National Geographic* sur une famille de girafes galopant dans la savane africaine.

Avec les *Représentations*, c'est bien simple, tout se passe comme si vous faisiez désormais partie du troupeau.

Je veux dire par là que la perception n'est plus bornée comme aujourd'hui, ni par le nombre des dimensions de l'espace dans lequel s'inscrit la *Représentation,* ni par le champ des sens dont les perceptions sont représentées. Vous pouvez sentir les girafes ! Vous pouvez les toucher !

Or ami lecteur, c'est là une violente révolution.

- La voyez-vous ?

Que vous la voyiez ou non, figurez-vous que la technologie des *Représentations* permet de faire encore beaucoup plus que cela.

Elle permet, non seulement d'assister à l'intériorité d'une situation représentée, comme dans le reportage de *National Geographic*, comme dans tous les exemples dont nous avons parlé jusqu'ici, mais également d'y participer, j'appuie lourdement sur ce mot.

Dans le cas de notre *Représentation* rupestre, vous pourriez non pas seulement contempler la peinture dans son environnement naturel, vous pourriez également devenir le peintre lui-même, et vous mettre à l'ouvrage, illuminé par une simple torche, dans l'hypothèse où vous souhaiteriez connaître l'atmosphère de vie des années – 20 000.

Dans le cas du reportage animalier que nous évoquions, vous pourriez vous muer au choix, en touriste suivant le troupeau de girafes à bord de votre jeep, en chasseur le poursuivant pour une tout autre raison, ou en indigène nonchalant l'observant au lointain ; et puis surtout *vivre* les situations, que dis-je, les rêves correspondants, comme dans la réalité.

Mieux, si vous souhaitez maintenant *être* un adolescent de la fin du XXème siècle séjournant en Normandie avec sa petite amie pour les vacances, vous n'avez encore une fois qu'à en formuler la requête.

Vous pouvez participer à cette *Représentation* seul, ou à deux, en compagnie d'un ou d'une autre dans le rôle de votre petite amie.

L'étendue des possibilités de vos actions n'est ni plus ni moins limitée qu'elle ne l'aurait été dans la même situation réellement vécue par cet adolescent de la fin du siècle dernier.

En pratique, la *Représentation* dans laquelle vous pénétrez se déroule comme suit :

- vous choisissez d'abord votre enveloppe extérieure, ici, l'allure et les traits de l'adolescent en question, et tout autre paramètre de la *Représentation* que vous souhaitez contrôler ;
- ensuite vous « vivez » le séjour en Normandie avec votre petite amie, vous le vivez, donc, comme si vous étiez plongé dans un rêve dans lequel vous étiez cet adolescent du siècle passé, c'est-à-dire en étant en particulier inconscient que vous êtes en train de rêver ;
- puis la *Représentation* s'arrête, vous l'aurez auparavant programmée pour qu'elle « vous éveille », pour reprendre le vocable des rêves, dans un laps de temps donné, exprimé au choix dans le référentiel du temps de votre vie réelle ou dans celui de la *Représentation* ;
- et finalement vous vous extrayez de la peau de l'adolescent pour recouvrer vos esprits dans le temps présent.

Ami lecteur, relevez la tête un instant : avouez-le, ne serait-ce pas là une expérience fascinante ?

Doutes techniques

En ce point, en bon Français que vous êtes, vous exprimerez peut-être quelques doutes quant au contenu du discours que je viens de vous tenir.

Vous vous demanderez notamment comment on a pu aussi facilement se débarrasser des écrans que nous connaissons aujourd'hui et qui nous cantonnent à une vision de l'existence réduite à deux dimensions, vision d'autant plus pauvre qu'elle n'est ni tactile ni odorante, pour les remplacer ainsi comme par un coup de baguette magique par des « rêves » fusant directement dans notre cerveau.

Eh bien, cela n'a en vérité pas été si compliqué que cela, vous savez !

La transmission d'informations sous la forme d'ondes est déjà chose courante dans nos sociétés, n'est-ce pas ?

Et la retranscription d'un signal prenant la forme d'une onde en un signal prenant la forme d'une perception intérieure intelligible par l'esprit humain ne requiert rien d'autre qu'une technologie du type de celle que nous appelons aujourd'hui « réalité virtuelle », n'est-ce pas ?

Alors ?

Alors la technologie des *Représentations* aura simplement troqué le traditionnel casque de réalité virtuelle des années 2020 pour une connexion directe entre l'esprit de l'utilisateur et ladite information.

Pour cela, un capteur aura été posé sur, ou même intégré au cerveau de l'utilisateur, et un émetteur lui transmettra les informations sous la forme des ondes précitées, comme une *box* le fait aujourd'hui avec un ordinateur de salon – ne restera plus qu'à fermer les yeux et attendre que le rêve commence.

Vous n'y croyez toujours pas ?

Et comment croyez-vous donc que fonctionnent déjà aujourd'hui les dernières versions des *Google Glass*, par exemple ?

D'une certaine façon, je trouve pour ma part que cette innovation est si évidente qu'elle n'est même pas de l'ordre de la projection scientifique, il s'agit d'un simple prolongement par continuité de la réalité existante. – Des gens comme Larry Page, l'un des fondateurs de Google, pourraient déjà vous en parler dans quelques années dans un de leurs roadshows.

Convaincu ?

Outre cette question des écrans, vous exprimerez peut-être également des réserves concernant la possibilité même de ces « rêves » dans lesquels l'esprit de l'utilisateur peut participer activement.

Mais ami lecteur, cette démarche n'est pourtant pas nouvelle.

C'est un fait historiquement bien établi en effet, les premières *Représentations* ressemblant à de tels rêves, et que nous pourrions qualifier « d'actives », sont apparues à grande échelle à la fin du XXème siècle avec les jeux vidéo, n'est-ce pas ?

Et dans un jeu vidéo, l'idée est bel et bien là aussi d'insérer un esprit dans une situation autre que celle qu'il vit dans la réalité, nous sommes d'accord ?

Evidemment, vous vous en rappelez peut-être, vous l'avez d'ailleurs vraisemblablement vécu personnellement : ces *Représentations-là* sont toutefois encore extrêmement frustres. – Mais ce n'est là qu'une question technique.

Tel chevalier court, abat une cohorte de monstres, découvre de nouvelles armes, ou de nouvelles vies, figurées par des cœurs, mais Pierre, six ans, qui joue à la console dans le salon en goûtant d'une madeleine reste Pierre « s'amusant », et non pas ce héros courant sauver quelque princesse aux cheveux blonds, qui reste finalement pour lui jusqu'au bout comme une étrangère.

Nous avons les mêmes souvenirs d'enfance, non ?

Qu'est-ce qui change alors avec les *Représentations* des années 2070 ?

Tout simplement, à l'intérieur de celles-ci, comme dans un véritable rêve nocturne, nous croyons réellement évoluer dans un univers réel ou imaginé, et au moment où nous en faisons l'expérience, nous sommes intimement persuadés que cet univers constitue la réalité - seul le réveil peut nous convaincre du contraire.

Autrement dit, nous ne sentons plus le petit bout de madeleine chuter dans notre gosier au moment de pourfendre le monstre du dernier tableau de *Zelda.*

Comment est-on parvenu à ce miracle ? me direz-vous.

On a simplement utilisé des « substances chimiques anesthésiantes » que l'on a fait ingérer à l'esprit de l'utilisateur avant qu'il accède aux *Représentations* – ce sont les successeurs des *paradis artificiels* de Charles Baudelaire, ce sont elles qui permettent de s'extraire de sa conscience immédiate.

Puis on les a liées aux programmes informatiques qui conçoivent les *Représentations* et les transmettent à l'esprit de l'utilisateur – et le tour était joué.

Quelle différence maintenant entre les classiques rêves nocturnes et ces nouvelles *Représentations* ?

Eh bien, ami lecteur, nous ne pouvons aisément contrôler à l'avance l'univers dans lequel un rêve nocturne va nous plonger, n'est-ce pas ?

C'est « quelqu'un d'autre », la psychanalyse dit, notre inconscient, qui décide de cela.

Vous aurez maintenant compris : toute l'innovation de l'entrepreneur est là.

Ses *Représentations* sont des rêves dont l'univers est, au contraire, ajustable sur simple demande.

Badaboum ! – et le monde a changé…

Perspectives et mise en bouche

Ami lecteur, après tant de discussions savantes, il est temps de nous accorder une courte pause.

Vous vous rendez compte que les différentes innovations que je vous ai présentées dans ce chapitre reviennent *in fine* à définitivement éradiquer toute idée de voyage matériel, n'est-ce pas ?

Pour tous leurs loisirs, les utilisateurs des *Représentations* n'ont plus jamais besoin de se déplacer, puisque lesdites *Représentations* retranscrivent parfaitement dans leur esprit ce que les hommes qui dans la réalité y assisteraient seraient à même de percevoir.

Je me connecte à la *Représentation* correspondant aux îles Maldives, au lieu de prendre l'avion pour m'y rendre. Si *je* couple cette *Représentation* à une autre contenant une « histoire », c'est-à-dire un rêve, une fiction, *je* peux de mon sofa passer les plus belles vacances de ma vie dans ces îles paradisiaques, avec la ou les personnes de mon choix, et ce sans pour autant y avoir jamais posé le pied.

Plus généralement, on ne se dirige désormais plus *vers* les objets, comme on l'a fait pendant trente-mille ans, les objets viennent à nous, en nous, pour ainsi dire, et ce sans le moindre effort.

Que cela vous inspire-t-il ?

Ami lecteur, vous vous rendez compte également que ces *Représentations* sont aussi un nouveau mode puissant de communication, n'est-ce pas ?

Je peux en particulier grâce à elles échanger avec autrui sous la forme d'un individu d'âge, d'espèce, de sexe, ou d'apparence sans rapport avec mon enveloppe corporelle réelle.

Ainsi *nous*, couple de vieillards flétris par les ans, pouvons dans une *Représentation* commune, c'est-à-dire dans un rêve commun, prendre la forme de ce jeune couple radieux, lui, footballeur à succès, elle, pom-pom girl affriolante, que nous étions, ou pas d'ailleurs, il y a soixante ans de cela.

Ainsi également *je* peux être un cygne caressant de mon cou les jambes d'une *princesse* assise au bord d'un grand lac, qui s'avère être ma bien-aimée.

Je peux dans cette *Représentation* m'adresser à elle en utilisant le langage des hommes, ou bien me contenter du langage des cygnes, et ne faire que la caresser tendrement de mon cou pendant toute la durée de la *Représentation*...

Ami lecteur, mettez à présent toutes ces innovations bout à bout, regardez le ciel un instant, puis prenez une profonde inspiration : entrevoyez-vous maintenant toutes leurs possibles implications ?

Chapitre 3

Les *campus* - vers 2080

Quelles sont ces possibles implications ? Quelle est cette révolution de société qui vient ?

Pour le voir, nous allons maintenant faire un peu de sociologie des organisations, science chère à Michel Crozier, et que j'apprécie moi-même beaucoup.

Les campus

Ami lecteur, que font les jeunes cadres de nos jours, quand ils sont sortis du bureau ?

Je vais vous dire, littéralement, ils errent.

Regardez autour de vous, tous ces fantômes qui chaque jour vaquent péniblement à leurs occupations, puis quittent leur office en n'ayant pour seule perspective qu'un dîner solitaire à la sortie du *Monop'*.

C'est tragique, non ?

Ma foi, en 2080, rien n'aura changé de ce point de vue-là.

C'est le premier volant de ma démonstration.

Le nombre de personnes soumises à ce train-train délétère aura simplement été démultiplié. Par cent, par mille, par dix-mille, je ne sais pas, ce n'est pas important.

Si vous vous promenez nonchalamment dans les couloirs d'une entreprise dans les années 2080 et que vous échangez quelques mots avec ses employés, vous apprendrez en outre qu'aucun n'aime faire les courses ou prendre soin de sa maison. C'est encore pire qu'aujourd'hui ! Souvent, le fait même de devoir se restaurer leur sera devenu pénible.

Dès 2045, je vous parie que des enseignes aussi prestigieuses que *Bricorama* auront disparu.

C'est le deuxième volant de ma démonstration : en 2080, tous les aspects triviaux de la vie quotidienne seront désormais considérés comme des pertes de temps inacceptables.

A contrario, encore plus clairement qu'aujourd'hui, tous les jeunes cadres seront évidemment persuadés que la partie la plus excitante de leur vie est leur emploi, en particulier dans des firmes NTIC comme celle de l'entrepreneur de notre chapitre précédent.

Etape suivante du raisonnement :

Quels sont maintenant les loisirs de ces employés frustrés des années 2080 ?

Eh bien, leurs loisirs sont répartis entre :

- les *Représentations* ;
- la rencontre d'amis ; et
- le sport.

On l'a vu, les *Représentations* incluent tous les spectacles, divertissements, toutes les œuvres d'art et toutes les formes de connaissance que le monde a connus, et bien plus encore.

La rencontre d'amis est également de plus en plus souvent exclusivement une histoire de *Représentations* « communes », pour la simple et bonne raison que ces *Représentations* offrent beaucoup plus de possibilités qu'une rencontre réelle, et qu'elles règlent tous les problèmes de distance physique entre individus.

Le sport est quant à lui de moins en moins pratiqué – ce qui n'est d'ailleurs pas sans poser des problèmes de santé publique.

Conclusion ?

Environ quatre-vingts pour cent des activités de loisirs des employés de 2080 sont concentrées sur un seul support, l'émetteur des *Représentations*.

Et alors ?

Et alors, ami lecteur, les bons managers des années 2080 vont naturellement en conclure qu'ils peuvent dès lors offrir une vie meilleure à leurs employés en mettant à leur disposition des outils de loisirs attrayants **au sein même** de leur entreprise.

Prenons le cas de notre entrepreneur NTIC, par exemple.

Son idée est simple, il propose à ses employés de les assigner à résidence dans son entreprise vingt-quatre heures sur vingt-quatre, en internalisant leurs phases de loisirs dans le processus interne de la firme.

Le contrat implicite est le suivant :

Mon entreprise vous offre tous les services les plus récents et les plus innovants en matière de *Représentations* de loisir, services qui la plupart du temps ne seront pas disponibles pour le grand public avant plusieurs années, en échange de votre présence continue sur le lieu de travail.

Votre présence vous permet non seulement de tirer parti de ces loisirs dernier cri, mais également, si vous le souhaitez, de contribuer à les améliorer, puisque vous-même, vous travaillez dans l'entreprise qui a créé le concept même de *Représentations* - c'est un peu une adaptation moderne du principe du *kaizen* de *Toyota.*

« Travail » et « Loisirs » ne sont plus distingués, il n'y a plus qu'une seule fonction dans votre vie, la fonction *Représentations*.

De neuf heures à dix-neuf heures, vous contribuez à l'avancement des projets NTIC traditionnels de la firme.

Au-delà, vous avez accès à l'ensemble des technologies de loisir qu'elle met à votre disposition. C'est *fair*, n'est-ce pas ?

Et pour que ce mode de vie soit pour vous le plus agréable possible, je vous incite vivement à vivre sur le site même de l'entreprise, que j'appelle « *campus* ».

- Les *campus*, nous y voilà.

Sur ces *campus*, c'est la cerise sur le gâteau, vous n'avez plus à vous préoccuper de rien, tout vous est fourni, repas, logement, entretien, services divers, toutes les corvées de la vie quotidienne disparaissent afin que vous puissiez intégralement vous consacrer à des activités intellectuelles, qu'elles concernent votre travail ou vos loisirs. L'entreprise prend tout en charge. Vous ne payez rien.

N'est-ce pas tout ce dont vous aviez toujours rêvé ?

La voilà, ami lecteur, la « révolution de société » dont nous parlions…

Pouvait-on l'anticiper en auscultant la situation que nous connaissons aujourd'hui ?

Oui, je le crois.

Voyez le nombre de personnes qui en 2016 restent clouées devant un ordinateur jour et nuit.

Il ne s'agit pas seulement de ces activités professionnelles exercées en *open space* douze heures par jour devant son terminal, ni non plus uniquement de ces adolescents qui s'enferment dans leur chambre dès qu'ils sont rentrés du collège, ces « geeks », comme on les appelle, qui passent leur temps devant Internet ou plongé dans des jeux vidéo.

Non, il ne s'agit pas seulement de cela.

Il s'agit aussi et surtout de la vie ordinaire de la plupart des familles contemporaines.

En 2016, dans un foyer type, aux heures de repos, disons, le soir à partir de vingt-et-une heures, quand les enfants sont couchés, et pendant le week-end, bref, quand il fait silence dans la maisonnée, que fait-on ?

On ne regarde plus le feu brûler dans la cheminée, on ne lit plus, on ne regarde plus ensemble le film de la première chaîne, non, chacun se divertit de son côté devant son ordinateur personnel.

Je me trompe ?

Il y a de moins en moins de communications directes physiques, l'avez-vous noté ?

Parfois, dans une même pièce, papa fait face à maman, mais personne ne se parle ni ne se regarde, parce que chacun dévore sa propre vidéo *YouTube* dans son coin, le nez rivé sur son écran.

- C'est cela, le monde moderne ! La fragmentation *matérielle* achevée des modes de loisir individuel.

Je pense que même en 2016, l'assignation à résidence proposée par notre entrepreneur ne constituerait absolument pas un changement de vie majeur pour une grande partie des employés.

Conséquence indirecte

La conséquence indirecte de ce changement est que les employés n'ont désormais plus aucune raison de sortir desdits *campus*.

Je vais vous dire :

C'était précisément l'objectif recherché !

Tous ces beaux paragraphes ne menaient qu'à cette simple petite phrase de dix-neuf mots.

Pourquoi ?

Parce que l'entrepreneur, et tous les managers qui le copient, réalisent là ce dont de nombreux chefs d'entreprise avaient auparavant dans l'histoire économique rêvé sans jamais y parvenir, ils astreignent totalement leurs employés à leur tâche, tout en maximisant leur bonheur.

Parce que surtout, du même coup, peut-être l'avez-vous déjà remarqué, ils réussissent aussi à mettre en place au sein de leur entreprise, pour la première fois de l'histoire humaine, un modèle d'organisation du travail qui reproduit très exactement les conditions du protocole expérimental établi par l'éconophysicien de notre premier chapitre.

Vous voyez la cohérence de mon propos !

Vous voyez surtout les conséquences attendues sur le niveau intellectuel des échanges entre les êtres humains dans lesdits *campus*, c'est-à-dire de manière générale dans le monde du travail ?

Vous voyez dès lors les conséquences sur l'évolution générale des sociétés humaines ?

Cas pratique – description un peu littéraire

En ce point, ami lecteur, je voudrais vous proposer de faire une petite parenthèse, pour que nous soufflions un peu. C'est le quart d'heure américain de notre récit.

Pour vous donner une idée plus précise de la vie quotidienne dans un de ces *campus* des années 2080, essayons-nous donc à la description d'une matinée de travail type de l'un de ses employés :

Prenons le cas de l'entrepreneur, par exemple.

Sa voiture roule à vive allure sur le chemin de la ville de Redswan en cette matinée de l'an 2085.

Redswan abrite le siège de *BeBo*, « *Be Born* », le nom de l'entreprise qu'il a créée, et qui est désormais la plus riche de tout le Nouveau-Mexique.

Il est huit heures du matin, et il n'y a pas un chat sur la route.

À travers la vitre, l'entrepreneur jouit de paysages magnifiques enveloppés d'un ciel encombré d'oiseaux. Il distingue deux ou trois aigles qui, à cette distance, paraissent un peu lourdauds, et en contrebas des dizaines de représentants de l'ordre des passériformes, moineaux, pies, ou encore mésanges. En dessous de ces oiseaux, tout n'est que verdure. « C'est une forêt accrochée sur un pan de montagne » disent les brochures de son entreprise. On imagine des sangliers, des renards ou d'autres bêtes sauvages plus grosses encore s'y déployer librement.

Une telle profusion de vie était il y a encore trente ans absolument impensable ici, n'est-ce pas ?

Aujourd'hui, en plein centre des États-Unis, dans une zone jadis ultra-urbanisée, il suffit de jeter un œil par la fenêtre de son véhicule pour contempler la même nature qu'on pouvait jadis seulement voir à la télé dans les reportages du *National Geographic*.

Les bâtiments du *campus* de Redswan sont plats et étendus.

Quand on y entre, on a un peu l'impression de se trouver dans un aéroport. Ces bâtiments, tous labellisés

HQE-*Gold*, sont situés au beau milieu d'une grande forêt de conifères, celle-là précisément dont l'entrepreneur admire les contours pendant son trajet du matin.

Une porte automatique s'ouvre devant lui et un rapide vent d'air froid s'enroule autour de sa nuque quand il pénètre dans le hall d'entrée. Dans les couloirs molletonnés qui le mènent à son bureau, il ne rencontre aucun de ses employés.

Il ne s'en étonne pas, c'est bon signe, cela signifie que tout le monde est à son poste ce matin.

Il arrive à son bureau.

« Son bureau », c'est en fait une pièce vide et blanche dans laquelle on trouve seulement un fauteuil en cuir et un sofa.

Il n'y a pas de table, pas d'ordinateur, pas de chaise, pas d'armoire de rangement.

On ne voit aucune décoration, ni plantes, ni photographies, ni bibelots.

« C'est un espace ouvert de grande dimension », comme le décrivent les mêmes brochures de l'entreprise.

Quand il se sent fatigué, l'entrepreneur peut se reposer dans son bureau, le sofa pouvant être déplié pour servir de lit.

Cette typologie d'aménagement intérieur ne lui est absolument pas réservée, tous les employés du *campus* connaissent peu ou prou le même environnement de travail.

Tous disposent, en plus de cette « pièce vide », d'un cabinet de toilette, d'une chambre et d'une pièce de vie, dans laquelle ils peuvent se restaurer et dormir confortablement.

Dans le vocable hôtelier, on dirait que tous les bureaux du *campus* sont des suites.

Les employés sont répartis dans des oasis en forme d'auréoles, distantes les unes des autres de plusieurs dizaines ou centaines de mètres, dans lesquelles ils disposent chacun d'une de ces suites, dont ils ne sortent quasiment jamais.

À l'occasion, si l'envie lui en prend, l'entrepreneur peut ouvrir les cloisons qui lui servent de murs pour laisser apparaître d'immenses baies vitrées donnant sur la forêt environnante.

Il est alors entouré de vert et de cris d'oiseaux, comme plongé au milieu du bois.

Il n'utilise toutefois que rarement cette fonctionnalité.

Le regard de l'entrepreneur balaie lentement l'intérieur de son bureau.

Il ne distingue dans tout ce grand espace qu'un minuscule carré noir encastré dans la cloison située auprès de son fauteuil.

C'est le boîtier de communication, qui donne accès au réseau des *Représentations*.

Il pianote rapidement sur les écrans les touches « luminosité », « température », et « humidité » du boîtier. Lorsqu'il est satisfait du résultat, il s'assoit dans son fauteuil, dirige son regard vers la partie du boîtier comportant les fonctionnalités d'accès au réseau de communication, et appuie sur un petit bouton rougeoyant.

Son esprit quitte l'espace environnant pour atteindre celui des *Représentations*.

Ça y est, sa journée de travail peut commencer.

Débrief

Ami lecteur, cette description des années 2085 vous a-t-elle alléché ?

Nul doute que nombre d'auteurs de science-fiction pourraient s'en inspirer. - Eh bien, je vais vous dire, laissons-les faire.

Et pendant ce temps, avançons dans notre récit.

Chapitre 4

Deux objections majeures – toujours vers 2080

Diffusion des campus et des Représentations

Ami lecteur, nous sommes maintenant aux alentours de l'an 2100, et avec l'amélioration continue des *Représentations*, le modèle d'organisation des entreprises fondé sur les *campus* s'est diffusé rapidement partout dans le monde et dans tous les secteurs de l'économie.

Les *Représentations* dans ces années-là, voyez-vous, c'est un peu comme le PC dans les années quatre-vingt, ou l'Internet dans les années 2000. En un rien de temps, cela devient aussi indispensable pour travailler que son propre cerveau.

À peu près toutes les fonctions de l'entreprise peuvent désormais être assurées à l'aide des *Représentations.* Les tâches purement manuelles, c'est-à-dire celles qui ne peuvent être exécutées ni par des robots ni par des machines, ni être remplacées par l'une de ces *Représentations,* sont désormais extrêmement rares.

La vie en *campus* devient donc de plus en plus facile et naturelle, puisque c'est évidemment dans les *campus* qu'on utilise le mieux les *Représentations* - cf. l'expérience de l'éconophysicien de notre premier chapitre.

En parallèle, et notamment précisément parce que les employés vivent désormais de plus en plus dans les *campus*, le produit des entreprises, a également tendance à prendre de plus en plus la forme d'une *Représentation*, et non plus d'un bien physique.

C'est évidemment vrai dans tout le secteur des services - pensez aux banques, ou au secteur des loisirs par exemple, mais même quand l'output est toujours un bien physique, comme dans l'industrie, l'automatisation des processus de production est telle que ce n'est pas sur ce point que se fait la différence concurrentielle entre les entreprises, et donc *in fine* leur marge, c'est sur la *Représentation* sous-jacente qui a permis de concevoir lesdits processus de production.

Tout cela renforce encore la tendance à la généralisation de la vie en *campus*.

Conséquences paysagères

Ami lecteur, je ne vous fais pas un dessin.

Au plan mondial, en 2100, les conséquences extra-économiques de ce nouveau mode de vie sont également très importantes.

Une première chose ressort clairement de nos discussions précédentes : la quantité de déplacements de personnes et de biens ne peut que s'effondrer. –

Forcément, tout le monde est désormais scotché devant ses *Représentations* dans son *campus*, 24h sur 24, sept jours sur sept, 365 jours par an.

C'est bien pour le développement durable, vous me direz.

Nombre d'entreprises de transport font faillite. Leurs réseaux se désertifient, leurs infrastructures sont abandonnées, et l'emprise foncière correspondante est revendue pour y implanter des *campus*.

De larges régions de notre monde ressemblent désormais à la forêt touffue de conifères qui enveloppe le *campus* de l'entrepreneur que je vous ai décrit…

Les abords des villes ne sont plus constitués de résidences particulières et d'HLM. À la place, on ne trouve plus que des *campus*.

Et ainsi de suite.

Quid du nomadisme contemporain ?

Ami lecteur, je me mets un instant à votre place :

Vous vous dites, si j'ai bien compris, cet auteur-essayiste-amuseur nous décrit un monde dans lequel la quasi-totalité des employés ne se déplace plus jamais, vit et travaille dans des *campus*, dans les conditions du « protocole » qu'un obscur éconophysicien a défini cinquante ans plus tôt, et dans ce monde-là, les employés passent quatre-vingt-dix pour cent de leur temps immobile sur leur siège à échanger des « messages » et des *Représentations* avec leurs collègues.

On voudrait bien le croire, ce jeune rêveur, mais la tendance que nous observons actuellement partout dans le monde est exactement inverse !

Tout le monde a un *smartphone* de nos jours, dis-donc !

Tout le monde se promène avec son PC ou sa tablette dans son cartable. Cela permet de conjuguer liberté de mouvement et productivité. C'est ça, l'avenir, c'est ça, « l'homme connecté », ce n'est pas un individu mollusque immobile dans sa suite pendant toute la durée de son existence !

Point taken

Je vous le concède, ami lecteur, il y a une apparente contradiction entre le monde tel que je l'anticipe, et le monde tel que nous pouvons le voir aujourd'hui.

Mais ça n'est là qu'une apparence, justement.

Pour vous résumer ma pensée, c'est bien simple, les *smartphones*, sur le plan historique, sont un épiphénomène, ce sont une mauvaise branche dans le grand buisson darwiniste de l'humanité, comme dirait Stephen Jay Gould.

Pourquoi ?

Eh bien, parce que ce nomadisme dont nous parlons est avant tout une opération commerciale.

Il ne répond en rien aux nécessités du développement intellectuel de l'humanité.

Cela vous surprend ? Prenons les choses autrement : à qui ce nomadisme profite-t-il, à votre avis ? Ou encore, quelles sont les entreprises qui seraient affectées si on observait aujourd'hui le développement d'un mode de travail en *campus*, comme je l'imagine ?

Il y en aurait un certain nombre, n'est-ce pas ?

Il y aurait en particulier tout le secteur de l'habillement, de la mode, et des marques.

Eh bien, ami lecteur, voilà pourquoi l'idée de ces mêmes marques, lorsqu'elles se font l'apôtre des *smartphones* et des tablettes, est de transformer une technologie de communications virtuelles en une nouvelle mode vestimentaire.

Pour protéger leur marge, c'est tout !

Telle est la véritable explication de l'avènement des *smartphones*, que personne ne vous a révélée jusqu'ici.

Il s'agit de créer une mode portable, compatible avec les produits que ces mêmes marques vendent, les vêtements, les sacs, et les lunettes de soleil.

Autrement dit, *Apple* n'est pas autre chose que l'agent de puissances vestimentaires.

Telle est l'idée de rendre l'ordinateur « portable », puis « glamour », puis de le transformer en *tablette*, pour en faire l'équivalent d'un nouveau sac à main, portable à l'intérieur du sac à main traditionnel.

Ami lecteur, c'est très ingénieux, et je comprends que cela ait connu un grand succès.

Outre l'aspect marketing, cela répond en effet à notre besoin primaire de bouger en toute liberté dans les prairies, comme tous les mammifères.

Cependant, je vous le dis très solennellement, cela ne tient pas deux secondes face aux besoins de long terme de développement de l'humanité.

Pourquoi ?

Parce que le développement de l'humanité tend vers une intellectualisation croissante de la civilisation.

Rien n'est plus clair, en effet.

Toute l'histoire humaine, que je ne vais pas vous retracer ici, Dieu soit loué, est là pour vous le prouver. Ouvrez n'importe quelle encyclopédie pour vous en convaincre.

La *ruse de l'esprit* des tablettes *glamour* n'est donc pas durable, parce que déjà de nos jours, la plupart des tâches qui incombent à l'homme dans son travail sont purement intellectuelles…

Je veux dire par là qu'elles sont conceptuelles et non monotones.

- Et elles le deviendront de plus en plus dans les décennies et dans les centaines d'années à venir !

Regardez vous-même ce que vous faites au bureau toute la journée, et comparez à ce que faisaient votre grand-père et votre arrière-grand-père aux siècles derniers.

Eh bien, eu égard à ces activités intellectuelles, il n'y a pas à balancer, l'organisation productive nomade qui résulte de la mode *Apple* est sous-optimale.

Cela tout simplement parce que le cerveau humain n'est pour toutes les tâches purement intellectuelles pas aussi efficace en mouvement qu'à l'état de repos, quand il est calme et concentré. Ça aussi, c'est une « constante » naturelle historiquement systématiquement observée.

Ce n'est d'ailleurs pas un hasard si aujourd'hui même toutes les activités intellectuelles sont exercées par des employés qui passent presque tout leur temps assis derrière leur écran dans un bureau, comme vous peut-être, ami lecteur, dans un état qui, avouez-le, n'est pas si différent de celui dans lequel se trouvent les participants de l'expérience de l'éconophysicien de notre premier chapitre.

C'est pourquoi je le dis à nouveau avec la plus grande assurance : les *smartphones* et les tablettes ne sont rien d'autre que le chant du cygne de l'économie classique de l'échange physique des biens et des personnes.

C'est un chant qui peut durer dix, cinquante, voire même peut-être cent ans en fonction des conditions historiques et des contingences de nos sociétés, mais c'est un chant qui finira par s'éteindre parce qu'il est incompatible avec l'évolution intellectuelle à terme de la fonction travail dans l'homme.

Ami lecteur, telle est la vérité que je souhaitais partager avec vous.

Maintenant, vous en faites ce que vous voulez.

Je m'intéresse aux tendances longues de l'histoire humaine, vous l'aurez compris !

Et l'amour dans tout ça ?

Je vois certains d'entre vous sautiller sur place depuis tout à l'heure.

Ceux-là ont quelque chose d'autre sur le bout de la langue qu'ils n'osent dire…

- Nostradamus, excuse-moi de te couper mais, dans tes *campus*… dis-donc, si les gens vivent vraiment tout le temps dans leur suite, séparés les uns des autres de telle sorte qu'ils ne se voient absolument jamais et qu'ils n'aient aucune sorte de relation physique, c'est une question qui peut paraître bête à un esprit de long terme comme le tien, mais... dis, comment est-ce qu'ils font l'amour, tes employés ?

Alors oui, évidemment, voilà vous intéresse, ami lecteur.

C'est le bon sens français qui s'exprime.

Mais je suis Français également, alors cela m'intéresse tout autant. Je m'en vais donc satisfaire votre curiosité, car j'ai déjà beaucoup réfléchi à ce problème.

Mais pour bien comprendre ce qui se passe au sujet de l'amour dans les années 2100, nous devons d'abord jeter un rapide coup d'œil dans le rétroviseur, si vous le voulez bien.

Les « rencontres à distance », cela vous dit quelque chose, n'est-ce pas ?

Je suis sûr que vous avez dû au moins une fois dans votre vie fréquenter des sites du type *Meetic*.

Je vais vous dire : l'essor au tout début du XXIème siècle de ces sites constitue une véritable rupture dans l'histoire amoureuse de l'humanité.

Avec l'Internet, les échanges à distance deviennent en effet brusquement gratuits, sûrs et instantanés.

Or c'est un changement majeur, parce que les utilisateurs des sites de rencontre ont donc pour la première fois de l'histoire humaine le temps et la possibilité de se connaître exclusivement à travers l'échange de *messages*, c'est-à-dire de manifestations de leur esprit, avant que de laisser se rencontrer leurs corps.

Mais nombre de ces échanges n'aboutissent en fait jamais à une rencontre *physique* : l'expérience de sentiments détachés de la vision des corps se généralise.

Et c'est précisément ce nouveau type de relation qui induit une catégorie de sentimentalité nouvelle, qui à son tour préfigure la civilisation des *Représentations* dont nous parlons dans les années 2100.

Pourquoi ?

Parce que l'expérience, la vôtre, la mienne, montre très rapidement que l'amour est inclus dans cette nouvelle catégorie de sentimentalité à distance !

Il ne s'agit évidemment plus de l'attirance provoquée par la beauté extérieure d'une personne, mais de l'amour du style ou du contenu des messages qu'elle vous adresse, c'est-à-dire des manifestations de la beauté de son esprit.

On est séduit par le caractère ou la sensibilité qui transparaissent des idées et des tournures utilisées par cet *autre* que l'on n'a jamais vu ; avant de le rencontrer, on se fait une opinion de lui - cette opinion constitue précisément la nouvelle sentimentalité détachée de la vision des corps.

Qu'advient-il maintenant de ces évolutions dans la société des *Représentations* et des *campus* ?

Eh bien, jusqu'ici, bien que les hommes et les femmes aient dans une certaine mesure apprécié les délices de ces échanges à distance, ils finissaient toujours par se retrouver collés l'un contre l'autre, pour une raison bien simple, qui est que leur corps avait des besoins qu'ils ne pouvaient ignorer.

Et puis, se rencontrer physiquement était encore la meilleure manière de concevoir, n'est-ce pas ?

Or tout cela est également changé dans la société des *campus* de 2100…

À présent, les besoins sexuels sont assouvis grâce à des *Représentations*, appelées « *Représentations érotiques* », si sophistiquées que le degré de jouissance y est significativement supérieur à ce qu'éprouve l'immense majorité des êtres humains dans la vie quotidienne aujourd'hui.

Pour vous en donner une idée un peu plus précise, il s'agit d'une sorte de « Porno 3D » dans lequel l'utilisateur peut être aussi actif que dans la vie réelle, mais dans lequel il a la possibilité de choisir librement son apparence extérieure, son environnement, et bien sûr, sa ou ses partenaires, comme dans toute *Représentation active*.

Autrement dit, il s'agit d'un rêve érotique que le rêveur contrôle à loisir...

Or en parallèle, ami lecteur, ces mêmes utilisateurs des *Représentations* peuvent aussi entretenir des relations amoureuses fondées sur l'amour réciproque de leurs esprits, comme nous les avons brièvement décrites ci-avant.

Ces esprits amoureux peuvent donc, s'ils le souhaitent, se retrouver dans une même *Représentation active érotique commune*, dans laquelle ils pourront donner « chair » à leur amour, si je puis me permettre.

Ami lecteur, pensez-vous maintenant qu'une fois que les hommes et les femmes auront expérimenté une telle possibilité de faire l'amour en utilisant l'enveloppe extérieure de leur choix, ils souhaiteront revenir à un mode de sexualité les contraignant à faire usage de la seule apparence physique que la nature leur a donnée ?

Voyez-vous, ami lecteur, aujourd'hui, vous, vous êtes relativement jeune et beau, vous ne devez pas avoir trop de problème pour vous faire aimer - mais vous ne pouvez ignorer que ce n'est pas le cas pour tous. Pour dire les choses comme elles sont, aujourd'hui, en 2016, le sentiment amoureux exclut d'emblée tous ceux dont les traits ou l'allure sont trop dissemblables d'une certaine moyenne, vous en conviendrez.

- Les nains, les gros, les geeks, les géants, les vieux, les handicapés mentaux ou encore les boiteux, tous ceux-là ont du souci à se faire s'ils veulent se fiancer, n'est-ce pas ?

Eh bien, en quoi est-ce justifié, dites-le moi, autrement que par un concept de sélection naturelle absolument inique pour les individus en question ?

Je vous le demande : qui voudrait revenir à une pareille situation de discrimination naturelle ?

Pas les intéressés en tout cas, je peux vous le dire !

Assez, enfin, des tragédies comme celle du nez de Cyrano, l'humanité en a assez connues depuis trois millions d'années, mille tonnerres !

Donc, non, ami lecteur, je vous le dis encore avec la plus grande certitude, les hommes de 2100 ne voudront pas revenir aux relations physiques amoureuses que nous connaissons en 2016.

Et pour les bébés, donc ?

Eh bien, pour les bébés, c'est encore plus simple, à l'époque des *Représentations* et des *campus*, vous pensez bien que les techniques de fécondation artificielle auront été également très significativement améliorées par rapport à ce que nous connaissons aujourd'hui.

Certes, la période et les conditions de la gestation seront certainement à peu près identiques – notez au passage que la grossesse est tout à fait compatible avec le modèle des *Représentations*.

L'acte de procréation ne sera en revanche quant à lui clairement plus nécessaire – on pourra extraire les spermatozoïdes du partenaire souhaité extrêmement facilement, puis les amener tout aussi facilement vers l'utérus de la future mère.

En 2100, aucun rapprochement physique motivé par des besoins de procréation ne justifiera donc un retour aux étreintes des années 2016.

Donc, non, je confirme une nouvelle fois ma prédiction : il n'y aura en 2100 plus aucune raison sexuelle valable que les corps se retrouvent.

Résumé - brève peinture du nouveau monde des années 2100

Ami lecteur, le monde a bien changé depuis le début de ce chapitre ! Cela donne presque le vertige.

Et je me rends compte que cela peut vous sembler beaucoup, raconté d'un trait de cette façon.

Alors pour que vous en ayez à l'esprit un tableau à peu près clair, ce qui est important pour la suite de notre récit, je me permettrais de le résumer ainsi en quelques lignes :

2100

Les hommes vivent désormais sur les *campus* de leurs entreprises, dans des cellules appelées « suites » dans lesquelles ils ne voient plus jamais physiquement leurs semblables, avec lesquels ils ne communiquent pendant presque toute leur vie qu'à travers des *Représentations*.

Ils ne se déplacent quasiment plus, ce qui a engendré une refonte majeure de leur habitat, et plus généralement de tout leur environnement.

Les *Représentations* sont pour eux le support exclusif, non seulement de toutes leurs activités professionnelles, mais aussi de tous leurs loisirs.

- Ami lecteur, pensez-vous qu'une telle situation puisse constituer l'aboutissement de la civilisation ?

Assurément, non !

Il y a quelque chose qui cloche, n'est-ce pas… oui, mais quoi, au fait ?

Chapitre 5

Les Créatures
- vers 2300

Ami lecteur, pour comprendre ce qui cloche, nous devons maintenant sauter gaillardement plusieurs siècles.

Deux, plus exactement.

- Mais à la rigueur, j'aurais tout aussi bien pu vous dire « cinq », « dix » ou même « 50 ». Comme vous avez dû le constater, le détail des siècles importe assez peu pour notre récit. Qu'est-ce que cela me fait à moi, dont l'horizon de vie est à mon âge au grand maximum de soixante ans, que toute l'évolution que je vous prédise soit vraie à plus ou moins mille ans ?

Propulsons-nous donc sans le moindre état d'âme dans les années 2300, à la rencontre d'un éminent biologiste qui sera, d'une certaine manière, la nouvelle star de notre récit.

Le biologiste

Pourquoi un biologiste ?

Parce que si vous avez bien suivi mon récit jusqu'ici, ami lecteur, vous aurez compris que le progrès de l'humanité ne peut désormais plus venir que de là.

Depuis les années 2100, il y a en effet un hiatus évident entre :

- D'une part, le mode de vie tel que je le conçois pour l'homme à l'ère des *campus* et des *Représentations* : tous ces gens qui restent assis et isolés toute la journée comme des mollusques ;
- Et d'autre part tout ce pour quoi l'homme qui, rappelons-le, est le proche cousin du bonobo, a été originellement créé, à savoir courir, taper, manger, procréer et par intermittences, mais par intermittences seulement, penser.

Nous avons vu que ce hiatus s'était déjà manifesté à travers le développement à la fin du XXème siècle d'une mode de NTIC portative, incarnée par la firme *Apple*, qui était une première tentative de conciliation de ces deux tendances opposées. Mais nous avons vu également que cette tentative était en fait un mauvais buisson Darwinien et qu'elle était structurellement vouée à l'échec.

Alors, quoi ? Eh bien, trois-cents ans plus tard, rien n'a changé, le problème est toujours là, voyez-vous !

Et à un moment ou à un autre, il n'y a pas de secret, il faut bien qu'il se résolve – cf. toute la *Raison dans l'histoire*, de Hegel.

Alors ami lecteur, c'est bien simple, mon intuition est que l'homme qui incarnera cette résolution sera un biologiste.

D'où, je me répète, *le biologiste.*

Je l'imagine, allez, disons cette fois de nationalité suédoise, généticien travaillant à l'université d'Uppsala et lisant à ses heures perdues les *Sagas islandaises*, les fameux récits du XIIIème siècle des hauts faits de la colonisation de l'Islande.

Depuis le début de sa carrière, ses travaux ont porté sur la description fine du génome humain. En dehors de cela, il n'a qu'une seule véritable passion, sa romance avec une jeune étudiante qu'il a rencontrée à l'université.

Notez que je n'ai pas dit : « rencontrée sur les bancs de l'université ». Epoque oblige, ils se sont en effet plutôt connus grâce aux *Représentations.*

En 2300, toutes les grandes universités du monde ressemblent elles aussi à des *campus.*

Les étudiants y sont connectés toute la journée aux *Représentations*, comme les employés de l'entrepreneur dans leur suite à Redswan. Ils ne se voient quasiment jamais et ne se connaissent que par le biais de ces *Représentations.* C'est aussi de cette manière qu'ils suivent leurs cours et passent leurs examens. Et c'est donc encore de cette façon que l'histoire sentimentale du biologiste et de son étudiante a commencé.

L'étudiante en question a passé tranquillement trois années de sa vie à l'université d'Uppsala, toute à sa joie de devenir plus tard à son tour biologiste moléculaire, puis en quatrième année, il lui a été demandé de valider un stage « pratique » pour terminer sa scolarité.

Qu'est-ce que ce stage pratique ?

Eh bien, en 2300, il est encore admis que bien que les *Représentations* soient omniprésentes un peu partout dans le monde civilisé, et que la majeure partie des étudiants d'une université aussi prestigieuse qu'Uppsala n'aura vraisemblablement jamais à connaître de leur vie d'autre bâtiment qu'un *campus*, il est plus prudent de leur montrer ne serait-ce qu'une fois dans leur existence ce qu'est le monde extérieur *à l'ancienne*, c'est-à-dire tel que nous le connaissons aujourd'hui, au cas où ils y seraient un jour confrontés.

Le « stage pratique », c'est donc un peu l'équivalent du stage ouvrier pour les polytechniciens de nos jours.

Les étudiants en général apprécient beaucoup l'expérience, parce que cette période de leur scolarité est fort dépaysante en comparaison de tout ce qu'ils ont auparavant vécu.

En juin 2300 donc, voici notre étudiante suédoise envoyée à Berlin, ville dans laquelle on peut encore voir, dans le quartier de la gare notamment, des restes de ce qu'étaient les grandes villes quelques centaines d'années plus tôt.

Les employés qui peuplent ces zones ne constituent pas l'élite du pays, c'est le moins que l'on puisse dire.

Ce sont des individus qui du fait des spécificités manuelles de leur travail ne peuvent habiter sur un *campus*, ce sont, par exemple, des employés de chemin de fer, du moins ce qu'il en reste, qui doivent bien quelquefois conduire leurs trains dans tout le pays, tout ne peut tout de même pas se faire complètement automatiquement, ou à distance, ce serait trop dangereux. Ou alors ce sont des militaires, ou même des producteurs dans l'agroalimentaire, qui sont un peu dans la même situation, qui est d'assurer une présence humaine minimale au milieu des robots contrôlés à distance via les *Représentations*.

Ces employés disposent tous à leur domicile d'une connexion aux *Représentations*, mais ils ne bénéficient pas des services à la personne associés à la vie en *campus*. Comme nous autres aujourd'hui, ils doivent donc se procurer eux-mêmes leur alimentation et tout ce qui est nécessaire à leur survie quotidienne. Des boutiques, des commerçants et plus généralement toute une économie d'échange physique des biens, qui partout ailleurs a disparu, a subsisté dans ces quartiers. On y trouve de tout. On y trouve même des boîtes de nuit, figurez-vous.

Eh bien, une nuit, à quatre heures trente du matin, c'est précisément en sortant de l'un de ces lieux de perdition appelé « *La Divine Comédie* », où sans surprise, elle faisait la fête avec des amis, que la vie de notre étudiante suédoise va basculer.

Elle va, en effet, avoir la mauvaise idée de prendre un taxi pour rentrer chez elle.

Pourquoi est-ce une mauvaise idée ?

Parce que comme dans un mauvais polar, le chauffeur va s'avérer être un meurtrier.

Il la conduit dans un bois situé aux alentours de Berlin, la menotte, la viole, puis l'assassine sauvagement en lui tirant quatre coups de carabine en pleine tête. Le corps de la jeune fille est retrouvé le lendemain, dans le parc du palais de Sanssouci, au sud-ouest de Berlin.

Pourquoi diantre nous raconte-t-il ce fait divers sordide ? vous direz-vous.

Parce qu'il va engendrer une révolution mentale chez notre biologiste, laquelle révolution mentale va elle-même enfanter l'une des plus grandes idées que l'humanité ait conçues.

Rien que ça.

Le biologiste passe d'abord, vous vous en douterez, par une phase de dépression sévère. C'est son amour, c'est la plus belle partie de sa vie qui s'en est allée.

Il gamberge, il lit les journaux.

Pendant ce temps, l'enquête avance.

Il s'avère rapidement que le prétendu taxi, meurtrier de sa bien-aimée, était un homme seul, qui n'avait aucune relation sociale avec quiconque depuis plus de dix ans.

Son travail consistait principalement à installer et entretenir les infrastructures nécessaires à la réception des *Représentations* dans les habitations de la zone de la gare. Le reste du temps, il surfait sur le réseau desdites *Représentations*.

Nous dirions aujourd'hui, c'était un *geek* de base.

S'appuyant sur l'exemple de son crime, certains articles de presse citent plusieurs rapports de recherche récents qui tendent à montrer qu'on observe depuis plusieurs dizaines d'années déjà partout dans le monde une augmentation significative du nombre d'actes barbares perpétrés par de tels individus « désocialisés du fait d'une consommation excessive de *Représentations* », comme on dit.

Cette tendance ne pourrait que s'amplifier dans les années à venir, affirment ces rapports, si on prend en compte le fait que le nombre de ces *geeks* devrait rapidement atteindre vingt à trente pour cent de la population mondiale, du seul fait de la croissance observée des *campus*.

Le biologiste passe des journées entières à réfléchir à cette histoire.

Il est désormais seul dans sa suite à l'université. - L'étudiante n'est plus là pour égayer ses journées.

Il n'a pas la conscience tranquille. – Il voudrait faire quelque chose pour que de telles tragédies ne se reproduisent plus…

Il n'arrive pas à reprendre son travail. Le cœur n'y est plus.

Or c'est précisément une de ces après-midi, alors qu'il est plongé dans une profonde réflexion mi-mélancolique, mi-métaphysique, que va lui venir l'idée révolutionnaire que je vous ai annoncée.

Cette idée, quelle est-elle ?

C'est tout simplement la prise de conscience de l'imperfection du corps humain au regard du développement de la technologie des *Représentations*.

Le raisonnement qui sous-tend cette révélation est le suivant :

D'une part, le biologiste est intimement convaincu qu'en l'état du monde actuel, il n'y a pas d'alternative à l'augmentation du nombre de *geeks* et de *geeks* tueurs. C'est un effet mécanique du développement des *Représentations*, lequel développement ne saurait être remis en cause en l'an 2300.

D'autre part, le biologiste juge, non pas qu'il faut à toute force trouver donc un moyen de se protéger de ces *geeks*, comme s'il s'agissait de terroristes de base, mais qu'il convient plutôt de remettre en cause le fait même que les *Représentations* puissent n'être utilisées que par des hommes...

Vous voyez la direction prise par sa pensée ?

...L'intuition du biologiste est qu'il doit être possible de concevoir des machines, robots, programmes, voire même des êtres humains modifiés, capables d'utiliser la technologie des *Représentations* à la place des humains-anthropoïdes que nous sommes.

Si tel était le cas, se dit-il, il n'y aurait plus lieu de contraindre ces mêmes anthropoïdes à rester la majeure partie de leur existence seuls dans des suites, assis et immobiles devant des *Représentations,* n'est-ce pas ?

Il n'y aurait donc plus lieu de s'attendre à une multiplication du nombre de *geeks* sur la planète !

Et il n'y aurait finalement plus lieu non plus de s'attendre à une augmentation de la fréquence des meurtres des *geeks* tueurs !

L'humanité serait sauvée.

- Tel est le raisonnement du biologiste.

Pour être tout à fait honnête, je ne suis pas certain que ce raisonnement soit à 100% rigoureux, mais qu'importe finalement, sa conséquence pratique est qu'il enfantera un projet de recherche qui *in fine* modifiera le destin de l'humanité.

Au plan purement technique, l'idée du biologiste n'est par ailleurs pas si farfelue qu'elle en a l'air.

S'il n'est en effet en 2300 naturellement pas encore possible qu'une entité purement ou partiellement robotique puisse être assez sophistiquée pour utiliser tout le potentiel des *Représentations*, les récentes avancées de la science montrent que cette perspective est tout à fait imaginable dans un futur proche. Disons que c'est un peu comme la conquête de la planète Mars pour nous aujourd'hui.

Le biologiste décide d'abandonner l'ensemble de ses recherches en génétique pour ne plus se consacrer qu'à ce seul projet.

« La création d'un nouvel être mi-organique, mi-informatique capable de se substituer à l'homme en tant que primo-utilisateur des *Représentations.* »

Notre biologiste, somme toute, c'est un peu le Villiers de l'Isle-Adam des années 2300.

Son projet regroupera rapidement autour de lui toute une équipe de chercheurs et de doctorants, que l'on appellera à sa suite « *L'école d'Uppsala* », et qui deviendra quelques siècles plus tard aussi fameuse que l'école de Niels Bohr dans les années 1920.

Progrès, quand tu nous tiens !

La Créature

Ami lecteur, à l'intérieur de ma prédiction, vous l'aurez compris, les *Représentations* sont le vecteur essentiel du développement de l'humanité à partir du XXIIème siècle.

Eh bien, à partir du XXIVème siècle, ce développement s'accompagne d'une évolution de la physiologie de ses entités productives.

C'est bien cela, le Big Bang, l'idée révolutionnaire dont je vous ai détaillé les conditions d'apparition ci-avant.

Dans toute la suite, nous appellerons « la Créature », l'entité qui sera le fruit de cette évolution, celle qui sera l'aboutissement des travaux de l'école d'Uppsala.

Alors évidemment, le mot « Créature » fait un peu Frankenstein, je sais…

Mais si je l'utilise, voyez-vous, c'est en adoptant le même point de vue que j'ai précédemment choisi lorsque j'ai parlé du « chercheur », de « l'entrepreneur », et du « biologiste », c'est-à-dire que s'il n'y avait qu'une seule « créature » créée par l'espèce humaine, eh bien, ce serait elle, et tout est là.

Alors enfin, qu'est-ce que cette Créature ?

En deux mots, c'est un micro-cerveau enfermé dans une boîte et continûment connecté au réseau des *Représentations.*

Vous vous rappelez que l'une des idées de base de l'entrepreneur était que les *Représentations* ne demandent pas d'autre capacité à l'homme que celles mises à disposition par son cerveau, n'est-ce pas ?

Alors voilà, la création des Créatures en est la conséquence ultime.

Les Créatures n'ont ni sens ni corps, leur cerveau mis à part.

Grâce aux techniques du génie génétique, leur cerveau est conçu à partir de séquences du génome humain, mais le développement cellulaire correspondant à ces séquences a été modifié pour que la taille desdites cellules soit une quantité infinitésimale que l'on fait tendre vers zéro, d'où le terme « micro-cerveau ».

- Pour atteindre cette taille minimale, on a également adjoint au modèle initial des gènes et des cellules humains diverses structures informatiques, qui permettent d'optimiser certaines fonctions du cerveau, comme sa capacité de stockage ou sa rapidité de calcul.

Cette conversion d'une partie de ces fonctions en processus informatiques a permis de réduire la taille du cerveau parce que lesdits processus informatiques prennent moins de place que les systèmes neuronaux humains correspondants que nous connaissons aujourd'hui.

Cette conversion a en outre permis de diminuer la charge de travail, donc la fatigue, subie par les parties du cerveau qui demeurent purement organiques.

Les incitations à la minimisation toujours plus grande de la taille des Créatures (c'est-à-dire des « micro-cerveaux » que je vous ai décrits) sont donc multiples.

D'une part, la réduction de la taille des Créatures permet de réduire toujours plus leurs besoins physiologiques.

- Pour être tout à fait concret, les Créatures ne dorment en fait quasiment jamais. Les périodes qu'elles consacrent à leur repos et à leurs repas ne représentent plus qu'une fraction infime de leur journée, disons, moins de 1%, contre plus de 40% pour nous-autres aujourd'hui.

Ami lecteur, imaginez-vous le gain de temps et d'efficacité que vous réaliseriez si vous ne passiez que 1% de votre temps à dormir et manger ?

D'autre part, au plan purement industriel, la minimisation de la taille des Créatures est évidemment intéressante en ce sens qu'on peut dès lors les stocker plus facilement et donc en multiplier le nombre à l'envi.

Je vous prédis que les Créatures seront donc dès les années 2300 absolument indiscernables pour nous-autres êtres humains des années 2016.

Alors où habitent-elles, ces « Créatures » ?

Elles habitent, ou plutôt elles sont stockées dans des parties du globe situées autant que faire se peut à l'écart d'éventuelles contaminations organiques, afin de maximiser leur durée de vie, c'est le principe de base. C'est un peu comme avec les bébés prématurés, il faut toujours prendre d'infinies précautions.

Au départ, les « boîtes » dans lesquelles les Créatures sont stockées, appelons-les leurs « contenants » pour faire plus sérieux, sont entreposées dans de simples hangars situés en périphérie des grandes villes, un peu dans le style des magasins *Ikea* dans les années 2000.

Imaginez des containers, ces caissons métalliques parallélépipédiques aujourd'hui conçus pour le transport des marchandises, entassés les uns sur les autres et contenant les micro-cerveaux que nous avons décrits, et vous aurez une bonne idée de ce type de stockage à l'intérieur de ces « magasins *Ikea* » connectés des années 2300.

Mais rapidement, on se dit qu'il serait préférable d'isoler un peu mieux les Créatures du monde physique extérieur.

Un site comme Cigéo en France par exemple, vous savez, le *Centre industriel de stockage géologique,* situé dans la

Meuse, construit dans les années 2000 pour devenir le futur centre de stockage souterrain des déchets radioactifs français, eh bien, Cigéo, son laboratoire souterrain et ses sept-cents mètres de galeries situées à cinq-cents mètres de profondeur, me semble l'endroit idéal pour stocker des contenants de Créatures. Je suis sûr qu'on pensera à lui en 2300 si la question se pose.

Bref, la question de la localisation optimale des contenants des Créatures vers des lieux toujours plus à l'écart des milieux organiques sera rapidement un sujet de recherche en soi, le moindre pourcentage de survie supplémentaire gagné se matérialisant par des économies substantielles dans les processus de production des firmes.

En 2400, je vous parie qu'on les transportera même jusque dans l'espace, à bord de satellites artificiels, ou sur diverses planètes plus ou moins éloignées de la Terre !

Arrêtons-nous là un instant pour ces détails techniques.

Chapitre 6

Le monde sens dessus dessous - vers 2400

Ami lecteur, en l'an 2400, c'en est fait, l'histoire s'est accélérée, les Créatures ont fait leur apparition dans la civilisation.

Inutile de vous dire que cela va créer un certain chaos économique et social.

Pour bien voir cela, listons les performances de ces « mini-cerveaux enfermés dans des boîtes », comme nous les avons appelées :

- Ils sont capables d'utiliser la technologie des *Représentations* aussi bien que nous ;

- Ils sont peu onéreux - de l'ordre de 50 000 dollars à l'achat, auquel il faut ajouter des coûts de maintenance, peu élevés, de l'ordre de quelques milliers de dollars par an ;

- Leur durée de vie est estimée à plusieurs centaines d'années ;

- On peut en produire en nombre à peu près infini, eu égard à leur taille ;

- Et surtout, ils sont corvéables à merci.

Eh bien, cher lecteur, vous vous douterez que tout cela n'est pas pour rassurer l'employé humain lambda !

Vous me direz, c'est le cas de manière générale avec toute nouvelle innovation.

Certes, mais c'est tout particulièrement vrai dans le cas présent, parce que les Créatures sont susceptibles de modifier, non seulement la technologie, mais aussi l'économie, et plus généralement la société humaine tout entière.

Au commencement pourtant, tout va bien.

Sans surprise, les Créatures sont en effet considérées comme de simples robots sophistiqués.

Au plan juridique, on les traite comme des *biens meubles*, c'est-à-dire qu'elles ont à peu près le même statut qu'une table *Habitat.* On ne s'en méfie guère.

Autrement dit, ce sont de nouveaux *outils de production.* On s'en méfie d'autant moins qu'elles ne disposent évidemment pas immédiatement de toutes nos facultés.

Et puis, cela fait si longtemps, depuis le XIXème siècle au moins, qu'on nous prédit avec force dramaturgie que les machines remplaceront un jour prochain les êtres humains, qu'on a fini par ne plus y croire.

- C'est une grave erreur.

L'aventurier

Compte tenu de l'état des forces en présence que je viens de vous décrire, qu'est-ce qui empêche en effet désormais un entrepreneur-aventurier quelconque de remplacer d'un jour à l'autre tous ses employés humains par des Créatures ?

Imaginez, j'ai l'esprit casse-cou, je suis le gagneur des années 2400, qu'est-ce que je fais ?

Jusqu'ici, voyez-vous, j'avais simplement timidement pris des parts dans une entreprise spécialisée dans la conception de *Représentations* sportives.

Les *Représentations* sportives, j'ai du flair, c'est un business juteux dans les années 2400, parce que la question de savoir comment entretenir correctement sa vieille carcasse humaine lorsqu'on vit en permanence assis dans la suite d'un *campus* est devenue une véritable question de santé publique.

Ces *Représentations* sportives, qui permettent non seulement de se plonger dans la *Représentation* « active » d'un sport, mais aussi de reproduire les gestes dudit sport tout en vivant la *Représentation* correspondante, apparaissent comme la solution idéale. Les perspectives de croissance du secteur sont alléchantes !

Brutalement, un beau jour, à la faveur d'une discrète OPA, je prends le contrôle de l'entreprise.

Qu'est-ce que je fais ?

Eh bien, je décide de tout chambouler.

Je licencie les quatre cinquièmes de mes employés et je les remplace par des Créatures.

Dans le même temps, je vends l'ensemble des actifs immobiliers du *campus* de l'entreprise, dont je n'ai plus besoin puisque les Créatures que j'ai achetées sont localisées quelque part ailleurs dans le monde dans un centre Cigéo quelconque, et je loue à la place quelques étages d'un immeuble pour y loger ce qui me reste de capital humain.

Forcément, cela va avec, j'accepte donc de laisser une très grande marge de manœuvre aux Créatures dans l'exercice de leurs fonctions dans mon entreprise – sinon, la recette ne prendrait pas.

Bref, pour dire les choses comme elles sont, je décide de parier sur les Créatures contre les hommes.

Quels sont mes résultats ?

Exceptionnels, évidemment !

Réfléchissons, posément. Comment pourrait-il en être autrement ?

Les Créatures me font réaliser des économies improbables et la qualité des produits qu'elles conçoivent est au moins aussi élevée que précédemment. C'est mathématique :

Mes profits explosent !

Je rachète tous mes concurrents !

Je leur applique à tous la même recette de choc !

Et même si certains journaux de gauche me comparent à un *hedge fund* vautour, je deviens une véritable star dans le petit monde du management !

Alors évidemment, ami lecteur, revenons sur Terre, ce succès particulier d'un gagneur des années 2400 n'est pas forcément suffisant pour que du jour au lendemain le modèle de réorganisation de l'entreprise qu'il promeut se diffuse partout dans le monde et dans tous les secteurs de l'économie.

Il y a, vous vous en douterez, des freins naturels à une telle diffusion.

D'abord, tous les dirigeants n'ont pas forcément pleinement confiance en les capacités des Créatures.

Et puis, ils ne souhaitent ou ne peuvent pas, pour diverses raisons d'ordre social ou politique, que vous comprendrez parfaitement, se séparer de leurs employés aussi brutalement que ne l'a fait l'aventurier.

Ce serait dilapider d'un coup un capital confiance accumulé depuis plusieurs dizaines, parfois depuis plusieurs centaines d'années, ce serait en outre s'attirer les foudres de l'opinion publique…

Bref, l'inertie est importante dans cette affaire.

Si on avait dû compter sur les seuls « gagneurs » pour promouvoir les Créatures dans l'histoire humaine, la civilisation aurait certainement eu tendance à stagner pour au moins quelques siècles encore.

Heureusement, du moins de mon point de vue, d'autres arguments vont bientôt venir à l'appui de leur diffusion.

Contexte stratégique

Ami lecteur, ces arguments sont, principalement, de nature stratégique.

Vous savez que depuis que l'Internet est né, les différents services de renseignement du monde se livrent une guerre impitoyable à qui espionnera le mieux toutes les populations du globe, n'est-ce pas ?

Dès 2010, avec l'affaire Snowden, on disait déjà que les services secrets américains organisaient une « surveillance de masse » de la population mondiale.

Arrêtons-nous un instant sur ce point.

Que signifient exactement les mots « surveillance de masse » dans ce contexte, à votre avis ?

Cela signifie, soyons toujours très pragmatique, allouer un peu de personnel, disons au maximum quelques dizaines de milliers d'agents pour des grands pays comme la Chine ou les Etats-Unis, à la surveillance de plusieurs milliards d'individus – je crois que nous sommes plus de sept milliards sur cette planète, depuis le dernier recensement.

La conséquence en est que forcément, les échanges épiés ne sont dans ce cadre-là, pour leur immense majorité, ni lus ni écoutés.

On « surveille », comme on dit, une masse énorme, non pas en surveillant chacune de ses parties individuelles, ce qui ne serait matériellement pas possible, mais en utilisant des indices potentiels de dangerosité permettant d'identifier celles qui seraient les plus risquées, et qui devraient ainsi être regardées de plus près.

Ce n'est donc pas vraiment de la « surveillance », c'est plutôt un contrôle *ex post*, un contrôle de loin, assorti d'un droit d'option à l'investigation rapprochée, si le besoin s'en fait sentir – et évidemment, en procédant ainsi, on rate beaucoup de choses. Preuve en est malheureusement tous les attentats qui ont endeuillé notre monde ces dernières années.

Je vous dis les choses franchement : je pense que cette situation ne va guère changer dans les dizaines d'années à venir.

Mais faisons à présent un bond en avant de quatre-cents ans. Que proposent à cet égard les technologies des Créatures et des *Représentations* ?

Eh bien, ce qu'elles proposent, ce n'est rien moins que de donner la possibilité d'épier enfin pour de vrai en permanence *chaque être humain* dans le détail de ses moindres faits et gestes.

Au plan technique, rien de plus simple en effet. Dans les années 2400, dans le monde civilisé, 99% des communications humaines ont lieu sur le réseau des *Représentations*. Elles sont donc facilement écoutées du fait même de l'intégration des Créatures à ce réseau. Quant aux actions physiques des hommes, pour le peu qu'il en reste, elles sont tout aussi aisément observées par les Créatures à l'aide de ce qu'on appelle des *Représentations présentes*, c'est-à-dire des *Représentations* de l'état actuel du monde.[1]

---

[1] La spécificité de ces *Représentations présentes* est que celles-ci ne sont pas, ne peuvent pas être de pures reconstitutions, comme toutes les autres *Représentations* dont nous avons parlé jusqu'ici. Ce sont pour partie des compilations de sources d'observation en direct du réel, qui utilisent les données fournies par des réseaux de collecte de données, comme le fait aujourd'hui, par exemple, *Google Street View*, à une échelle plus réduite, évidemment.

Ces réseaux de collecte de données, qui ne sont pas seulement visuels, mais aussi sonores, olfactifs, etc., permettent d'assurer à chaque instant une retransmission en direct de toute parcelle du monde terrestre. A l'aide de ces données, la *Représentation* correspondante reconstitue très

Vu le faible coût, la petite taille et le nombre potentiel quasi infini des Créatures dans le monde, chaque Etat à peu près développé peut disposer une Créature, ou plus encore, derrière chaque être humain et envisager de la sorte créer son propre système « national » de surveillance de l'ensemble de l'humanité.

Elucubrations d'un fou ? Froide observation d'un réaliste, vous voulez dire.

Non, sérieusement, cela me semble personnellement une perspective alléchante, vous ne trouvez pas ?

J'imagine que tous les directeurs de la DGSI du monde en rêvent déjà.

Or, et c'est précisément où je voulais en venir, c'est aussi par la même occasion une incitation forte au développement à grande échelle de la technologie des Créatures ![2]

Ma première conclusion est que l'ensemble de l'humanité sera dès les premières années d'apparition

---

exactement ce qu'un observateur percevrait s'il vivait ladite scène dans le monde physique à l'instant présent.

C'est la définition même du don d'ubiquité.

[2] En effet la production de masse des Créatures aura pour conséquence de faire baisser leur coût unitaire de production, du fait des économies d'échelle, et facilitera donc leur acquisition par les entreprises.

des Créatures intégralement épiée par plusieurs armées de Créatures espionnes.

Ma seconde conclusion est que l'existence même et l'entretien de ces armées constitueront un facteur clé dans le développement et la diffusion générale desdites Créatures sur Terre, exactement comme l'Internet a tout d'abord été largement développé au sein de services de recherche de l'armée américaine.

Maintenant, la question subsidiaire naturelle est : si ces Créatures se développent vraiment ainsi, quelles conséquences sur les situations économiques et sociales des habitants de ce monde ?

Crise économique

Ce sont les premiers mots qui nous viennent à l'esprit.

Ami lecteur, parlons peu, parlons bien, vous aurez compris qu'après seulement quelques centaines d'années, le problème principal qui se pose à l'humanité est celui du sort à réserver aux hommes dans une société dont le fonctionnement repose quasi intégralement sur l'activité des Créatures, n'est-ce pas ?

Je vous parle ici vraiment de monsieur tout le monde, de vous et de moi, d'employés standards qui, par bête superstition certainement, se sont toujours un peu méfiés des *Représentations* et qui sont désormais voués à être remplacés par des Créatures, tout simplement parce qu'ils coûtent plus cher et qu'ils sont moins efficaces.

Que vont-ils devenir ?

Autrement dit :

Les cerveaux humains standards peuvent-ils être compétitifs au XXVème siècle ?

Voilà le titre du *Financial Times* de ces années-là.

Or la réponse est, non, évidemment.

Au tout début, c'est-à-dire quand les Créatures viennent de faire leur apparition sur le marché du travail, on oriente les employés vers certaines activités de pure R & D, parce qu'on se dit que les Créatures pourront moins facilement occuper ces postes, n'en ayant pas, ou pas encore, les capacités intellectuelles – mais très rapidement, on voit bien que cela même n'est pas vrai.

Souvenez-vous, ami lecteur, dès 2016, la machine a battu l'homme au jeu de go !

Est-ce que cela ne vous a pas donné des frissons quand vous avez appris cette nouvelle ? - Moi, si, je peux vous le dire.

Alors en l'espace de cinquante ans, cela est devenu absolument clair pour tout le monde : les Créatures sont aussi compétentes que les hommes, en recherche pure comme en toute autre matière qui puisse être étudiée grâce aux *Représentations*.

Désormais, les processus de production sont complètement automatisés, des Créatures commandent via des *Représentations* à des robots qui exécutent les tâches de production.

Je répète ma question : à quoi peuvent bien servir les hommes dans ce contexte ?

Naturellement, ils détiennent encore les rôles de contrôle et de décision – mais ce ne sont que des rôles de chef, et par construction, il ne peut donc y en avoir beaucoup, sans compter que dans bien des cas, les hommes ne comprennent plus grand-chose de ce qu'ils sont censés décider ou contrôler.

Cette situation est d'autant plus inquiétante pour les employés que le processus de cannibalisation des postes en entreprise par les Créatures est extrêmement rapide.

Non seulement le contexte stratégique et le jeu de la concurrence entre les entreprises le favorise, mais en plus, les technologies des *Représentations* et des Créatures sont ce qu'on appelle dans le jargon économique des produits à « demande croisée », c'est-à-dire que la consommation de l'une entraîne mécaniquement une demande supplémentaire de consommation de l'autre.

Le développement des Créatures accélère celui des *Représentations*, parce que la conception de ces dernières demande précision, minutie, patience et disponibilité, qualités qui sont l'apanage des Créatures.

Mais cette augmentation de « l'offre » de *Représentations* rend alors à son tour encore un peu plus indispensable l'utilisation des Créatures dans toutes les entreprises, puisque ce sont elles qui permettent d'en tirer parti au mieux et au meilleur prix !

Crise sociale

L'étape suivante, fatalement, c'est la crise sociale.

Je vous passe tous les développements sur les grèves et les manifestations qui rendent compte de la détresse des employés face à la nouvelle situation de l'emploi à laquelle ils doivent faire face.

Évidemment, tout cela se produit, comme en 1929, ou comme dans Zola, dans une plus ou moins grande atmosphère de violence selon les lieux et les conditions extérieures.

Attardons-nous plutôt ici sur les conséquences de cette situation : rapidement, on observe dans les pays civilisés des situations de misère comme on n'en avait plus vues depuis des centaines d'années.

On a, en fait, deux cas de figure très distincts.

Le premier est celui dans lequel une entreprise a conclu un accord social *ad hoc* avec l'Etat relatif au développement de la technologie des Créatures. C'est par exemple le cas de la plupart des grandes entreprises dans les pays développés sociaux-démocrates. Dans ces entreprises, les employés sont plutôt chanceux.

Certes, ils sont « licenciés », puisque les Créatures prennent leur poste.

Mais « être licencié » n'a au cas d'espèce pas du tout la même signification qu'aujourd'hui.

Cela veut simplement dire que l'activité intellectuelle de la personne démise de ses fonctions n'est plus insérée dans une structure économique bien identifiée – l'entreprise en question, pour parler plus clairement. Cette activité intellectuelle peut toutefois continuer à se développer de façon autonome dans le sens qui lui plaît, pour la simple et bonne raison que suite à son licenciement l'employé habite toujours la suite du *campus* dans lequel il travaillait jusqu'ici.

Être licencié ne signifie donc dans ce cas pas non plus changer de lieu de vie ni même de train de vie quotidien.

La seule différence est qu'au plan financier, l'employé ne reçoit plus de salaire de la part de son ex-employeur, c'est l'Etat qui prend désormais en charge tous ses frais de vie sur le *campus*. L'entreprise a de fait dans le cadre de l'accord susmentionné versé à l'Etat une somme globale qui permet à ce dernier d'assurer la subsistance sur le *campus* de tous les employés licenciés jusqu'à leur mort.

C'est une sorte de système de pré-retraite, dirions-nous aujourd'hui.

Et cette entreprise n'a évidemment plus besoin des locaux et des terrains du *campus* en question puisqu'elle a le plus souvent rapatrié le restant de ses activités physiques dans un petit immeuble, et non sur un terrain de plusieurs dizaines d'hectares[3].

Le modèle économique d'un tel accord est bien rôdé : les frais de vie des employés sur un *campus* sont relativement faibles, alors que les gains de productivité immédiats, c'est-à-dire les bénéfices additionnels dégagés par l'entreprise du fait de la substitution des employés par les Créatures sont considérables. Ces derniers compensent largement la nouvelle *taxe de vie*, comme l'a baptisée la direction de la Législation fiscale en France, instaurée par les Etats dans pareil cas, qui a pour objet de payer ladite pré-retraite des employés.

Je vous disais il y a trois minutes que ces employés-là sont chanceux. En effet, si on compare leur sort à celui de leurs collègues travaillant dans des entreprises qui n'ont pas conclu de tels accords, c'est une évidence.

---

[3] Les Créatures sont quant à elles stockées dans des sites comme Cigéo situés à peu près n'importe où dans le monde physique, quelle que soit l'entreprise pour laquelle elles travaillent ; un site comme Cigéo pouvant accueillir plusieurs dizaines de milliards d'entre elles, il est par ailleurs naturellement très largement mutualisé entre différentes entreprises. C'est un peu comme le système d'externalisation de certaines prestations de service à des informaticiens indiens que l'on observe aujourd'hui.

Dans ce second cas, les employés sont du jour au lendemain purement et simplement mis à la porte des *campus*.

Or ils n'ont de toute leur vie jamais connu autre chose qu'un travail confortablement assis, immobile et connecté en permanence aux *Représentations*. Et tous les postes qu'ils peuvent retrouver sur le marché du travail sont l'exact contraire de cela, parce que ce sont précisément des postes que les Créatures ne peuvent pas occuper, et qui n'ont pas non plus été encore automatisés, c'est-à-dire que ce sont des postes à dominante artisanale et manuelle - coiffeur, cuisinier, masseur, etc.

- Sachant, ami lecteur, que je ne me prononce pas sur le champ exact des métiers qui en l'an 2400 aura pu être automatisé !

Vous étiez chercheur en mécanique quantique, on vous demande maintenant de devenir coiffeur. C'est un peu cela, l'ampleur du changement auquel doit faire face la société dans ces années-là !

Ces employés-ci éprouvent évidemment les pires difficultés à survivre.

De plus en plus souvent, faute d'avoir réussi leur reconversion, au bout de quelque temps, ils sombrent dans la misère.

Ils vivent dans des ghettos qui se sont recréés dans les banlieues des grandes villes de ce monde – à Berlin par exemple, pour faire le lien avec un précédent épisode de notre histoire.

Ils basculent brusquement du XXVème au XVIIIème siècle.

On se demande même s'ils ne vont pas finir par déclencher une nouvelle révolution communiste.

Point d'étape

Ami lecteur, vous voyez que le monde connaît en ce point une crise importante.

Une société dans laquelle l'immense majorité de la production est assurée par des entités qui ne sont pas humaines, et dans laquelle les hommes sont soit chômeurs, même s'ils ne sont pas inactifs, soit miséreux, ne peut à l'évidence constituer un équilibre stable.

A un moment ou à un autre, il faut bien que quelque chose change, ou que quelque chose explose.

Chapitre 7

La grande transformation physiologique - vers 2500

« Que quelque chose change, ou que quelque chose explose ».

Au vu de tout ce que je vous ai raconté jusqu'ici, c'est en effet ce qu'une approche linéaire de l'histoire ne peut que suggérer pour les années postérieures à l'an 2400. Cependant, un bref regard en arrière nous montre que l'histoire humaine n'est précisément à peu près jamais linéaire, ce qui, soit dit en passant, n'est pas son moindre charme.

C'est barbant, les lignes droites, vous ne trouvez pas ?

Ma prévision est que la résolution de la crise que connaît l'humanité en ces années-là passera, une nouvelle fois, par un évènement inattendu et merveilleux.

Ma prévision plus précise encore est que cet évènement sera la modification de l'enveloppe corporelle de l'homme.

Pour être plus concret, ce que je vois est qu'un beau jour, de l'an 2500 par exemple, pour nous laisser encore un battement de cent ans, on apprendra qu'il est désormais techniquement possible pour un être humain de se transformer en Créature.

Vous avez bien lu : se transformer en Créature.

C'est certainement le moment le plus extraordinaire de l'histoire de l'humanité, n'est-il pas ?

Ami lecteur, partagez-vous mon allégresse ?

Rendez-vous compte que pour la première fois, l'homme sera capable de se détacher de l'extériorité anthropoïde que des millénaires d'évolution lui ont léguée !

Ladite transformation – aspects un peu techniques

Evidemment, un certain nombre d'entre vous, et certainement tous ceux qui ont reçu une formation scientifique, me demanderont immédiatement, mais comment diantre, **au plan technique**, peut-on ne serait-ce qu'imaginer transformer un homme en « Créature » ?

Chers lecteurs, je ne veux pas vous ennuyer avec trop de détails.

Je sais que certains d'entre vous sont intéressés par ces questions, mais je sais aussi que d'autres bayent aux corneilles à la seule évocation du mot « technique ». Or je veux ici écrire pour tous et pour toutes.

Alors, je me contenterai sur ce point d'aller à l'essentiel, et pour tous les détails, je prie ceux qui voudraient en savoir plus de me contacter directement à l'adresse : emmanuelarnaud.contact@gmail.com

J'espère que je pourrai alors satisfaire la curiosité de tous.

Créatures artificielles, Créatures naturelles, et transfert de pensée

Rappelons-nous tout d'abord ce qu'est une Créature « standard », c'est-à-dire une Créature qui n'est pas issue de la transformation d'un être humain existant, et que l'on appellera désormais, si vous le voulez bien, Créature « artificielle », par opposition aux Créatures « naturelles », qui seront les nouvelles Créatures directement issues de la transformation d'un être humain bien vivant.

Dans le cas d'une Créature artificielle donc, comme nous l'avons vu, la partie humaine de la Créature provient du développement cellulaire contrôlé d'une extraction de séquences du génome humain produites grâce à des mécanismes de reproduction artificielle. Ce développement cellulaire ne correspond donc pas à un être humain particulier.

Je prends pour acquis que vous avez déjà bien saisi ce point.

À l'inverse, pour fabriquer une « Créature naturelle », l'idée est d'extraire la pensée et la mémoire d'un individu humain-anthropoïde particulier, de laisser de côté son enveloppe corporelle, comme le prince sa peau d'ours dans le conte éponyme, puis de réinjecter cette pensée dans une structure mixte organique-informatique, c'est-à-dire dans une Créature artificielle, qui aura été conçue à partir de séquences du génome humain de ce **même** être humain particulier.

Je suis allé trop vite ? – Non, n'est-ce pas, c'est enfantin ? Si la réponse est toutefois, oui, je vous prie de relire lentement le paragraphe précédent, et vous verrez que tout s'éclaircira.

Evidemment, pour que la taille de cette « Créature naturelle » soit du même ordre de grandeur que celle des Créatures artificielles, on ne peut pas extraire le développement cellulaire lui-même issu des séquences du génome humain de cet individu particulier – sinon la Créature qui en résulterait aurait la taille d'un véritable cerveau humain anthropoïde, c'est-à-dire la taille d'une grosse boule de bowling. Nous n'aurions plus un million de Créatures par conteneur à Cigéo, mais trois ou quatre au maximum, ce qui me ferait personnellement immédiatement penser à un film d'Ed Wood, ce qui n'est pas le type de comique que je vise dans cet essai.

Question donc, maintenant : comment récupère-t-on la mémoire et la pensée de cet individu humain-anthropoïde particulier ?

Eh bien, ce n'est pas si compliqué que cela en a l'air.

On la *télécharge* simplement du cerveau humain de l'individu l'instant qui précède sa « métamorphose » en Créature, puis on la réinjecte dans sa nouvelle forme, la structure mixte organique-informatique dont nous parlions résultant de l'extraction des séquences du génome de l'individu particulier, qui sera son enveloppe de Créature - l'instant immédiatement d'après.

Oui, oui, « télécharger ».

Souvenez-vous en effet qu'en l'an 2500, nous sommes depuis maintenant un certain temps à l'ère des *Représentations*. Une telle opération est devenue triviale parce qu'on ne fait alors que télécharger l'ensemble de l'activité passée de l'individu sur le réseau des *Représentations*, et on considère que cela constitue une bonne approximation de l'ensemble de sa mémoire et de sa pensée.

Compte tenu des modes de vie continûment connectés, on ne commet pas une grosse erreur en procédant ainsi, tout est là.

Et c'est tout, c'est aussi simple que cela.

Vous comprenez maintenant mieux tout l'enchaînement de mon récit, n'est-ce pas ?

« *Représentations* impliquent *campus*, qui impliquent Créatures artificielles, qui impliquent Créatures naturelles ».

Telle est, selon moi, l'équation du destin futur de l'humanité.

Cela veut dire aussi que sans l'étape des *campus*, toute divagation cybernétique sur le « téléchargement de l'intelligence », comme on l'entend parfois chez les transhumanistes, n'a pas de sens. Tant que l'être humain bouge partout comme ma fille de trois ans et use de ses sens, il est absurde de croire pouvoir assimiler sa pensée à un répertoire de fichiers. Ce n'est que son mode de vie immobile dans un *campus* et continûment connecté qui rend l'assimilation crédible.

Le processus de réinjection de cette mémoire dans la nouvelle forme de Créature de l'individu est encore plus simple, puisque ladite Créature est intrinsèquement reliée aux composantes informatiques du réseau. Ce processus de réinjection est globalement le même que celui que vous expérimentez lorsque vous transférez des fichiers entre une clé USB et un ordinateur.

Pensée de Créature et pensée humaine

À ce stade, ami lecteur, ne serait-ce que pour avoir une vision un peu plus claire de la société des Créatures qui se profile à l'horizon de notre récit, il est temps de nous poser la question essentielle suivante :

Quelle est la forme de la « pensée » des Créatures, en comparaison de celle des hommes-anthropoïdes que nous sommes ?

Ce n'est pas une question ésotérique, ce n'est cette fois pas une question « technique », c'est une question absolument fondamentale, puisqu'il s'agit tout simplement de ce que nous sommes et de ce qui nous définit – et donc aussi de la crédibilité de cette nouvelle forme de civilisation que je vous dépeins.

Si vous êtes trop faignant, bien sûr, vous pouvez toujours sauter les paragraphes qui vont suivre – mais je crois que vous auriez tort, car cela n'est pas si compliqué que cela, et surtout, c'est absolument passionnant.

Comment décrire la pensée d'un individu ?

Une manière de faire cela est de décrire la naissance, puis le développement de cette pensée chez un individu particulier.

Prenons le cas d'une Créature artificielle, c'est-à-dire le cas de cette structure mixte organique-informatique conçue de manière *ad hoc* à partir de séquences d'ADN humain et de composants informatiques.

Au commencement de sa vie, cette Créature artificielle suit, comme les enfants aujourd'hui, un large programme d'enseignements qui visent à former son intelligence.

Comment cela se passe-t-il en pratique ?

Fort naturellement : selon les options qu'elle a choisies, ce sont différentes localisations du réseau des

Représentations, correspondant à différentes structures mixtes originelles organiques-informatiques, c'est-à-dire *in fine* à différentes autres Créatures, qui sont sollicitées lorsque cette Créature bébé « pense » en relation avec les thèmes qui leur sont associés.

Pour un enseignement de biologie par exemple, la partie du réseau des *Représentations* avec laquelle la jeune Créature entre en relation est celle qui permet d'accéder à la *Représentation* de telle ou telle branche de cette science. La ou les Créatures qui ont été ou qui sont présentement chargées de créer, puis d'entretenir et d'améliorer ces *Représentations* traitant de biologie sont dès lors indirectement en relation avec notre enfant-élève Créature.

Vous remarquerez que de la même manière lorsque nous lisons Aristote aujourd'hui, nous sommes indirectement en contact avec l'esprit du philosophe. Ce n'est pas là le moindre charme de la lecture.

Les localisations du réseau qui correspondent aux enseignements suivis par notre jeune Créature, par le biais de l'enregistrement automatique des relations qui se sont ainsi formées entre sa structure originelle propre et celles servant de support aux sujets d'étude qu'elle a sollicités, en viennent à constituer certaines parties de sa propre « pensée ».

Cette pensée est alors définie comme l'historique ordonné des relations ayant existé entre sa structure originelle et toutes les autres structures dont l'ensemble constitue le réseau des *Représentations*.

Eh bien, ami lecteur, c'est exactement ainsi en pratique que la pensée, puis la personnalité de chaque nouvelle Créature artificielle voit le jour en l'an 2400.

Tout se passe comme si de la discussion précédente n'importaient plus que les idées nouvelles émergées, et non les sujets physiques leur ayant servi de *rampes de lancement*...

- Ça va, ça ne vous semble pas trop hallucinogène, tout ce que je viens de vous raconter ? Encore une fois, je parie que non. – Alors, continuons !

Stockage de la pensée d'une Créature

Une Créature, ami lecteur, c'est-à-dire encore, comme nous l'avons vu au début de notre exposé, le produit de sa pensée, est donc intégralement définie comme un historique ordonné de relations et de sollicitations entre différentes structures mixtes organiques-informatiques du réseau entre elles.

Mais alors *elle*, c'est-à-dire sa pensée, est donc aussi en moyenne *a priori* statistiquement répartie de manière égale entre les différentes parties du réseau, qui sont aussi ses différentes parties matérielles, n'est-ce pas ?

En effet, seul **l'ordre exact** des sollicitations de *Représentations* caractérise spécifiquement et individuellement une Créature particulière, et cet ordre, ce n'est qu'un « chiffre », si vous voulez, plus exactement un arbre de relations, et c'est donc une donnée dont le coût de stockage est si faible qu'elle peut être localisée sur un million de sites matériels différents du réseau en même temps, ce qui est non seulement possible mais nécessaire pour se prémunir de tout risque de perte d'information.

La pensée de chaque Créature *artificielle* est donc en moyenne également répartie partout sur le réseau des *Représentations,* non seulement parce que les supports de cette pensée sont les *Représentations* elles-mêmes accessibles un peu partout sur ce réseau, mais encore parce que ce qui définit cette pensée en propre est une donnée qui est répliquée sur un nombre infini de ses emplacements.

En conséquence, le « réseau des Créatures » est un réseau dont chaque partie est indissociable du tout.

En conséquence, chaque Créature a un intérêt vital à ce que toutes soient également protégées, parce que le bon fonctionnement de chacune dépend intégralement du bon fonctionnement du tout. Autrement dit encore, chacune est structurellement solidaire du tout.

Voilà un point majeur dans notre exposé, ami lecteur !

Car comme vous pouvez vous l'imaginer, cela aura des conséquences sur l'organisation des sociétés futures correspondantes fondées majoritairement sur l'activité desdites Créatures. – Mais nous n'en sommes pas encore tout à fait là.

Comparons à présent avec la situation de la pensée humaine anthropoïde.

Si vous regardez bien, le mécanisme de notre pensée, détachée de son enveloppe corporelle, n'est pas si différent de tout ce que je vous ai décrit ci-avant : elle se confond elle aussi avec l'historique de toutes les relations qu'elle a entretenues avec l'extérieur, via les sens ou via l'esprit (« La connaissance »), ou avec son intériorité.

Je lis un passage de l'essai d'Emmanuel Arnaud, *j'*entends un son, c'est ma compagne qui se plaint qu'il n'y a rien à dîner ce soir, j'imagine tel évènement, telle étape lointaine du futur de l'humanité par exemple, j'éprouve tel sentiment, c'est de l'agacement à l'égard de ma compagne qui insiste dans sa complainte, puis *je* décide de faire semblant de ne pas l'avoir entendue et je lis un autre passage de cet essai qui me passionne, et ainsi de suite.

Cela forme un historique de relations entre mon esprit et l'extérieur, ou entre mon esprit et mon intériorité, et cela définit pleinement ma pensée depuis le premier jour de ma naissance.

La différence est seulement que cette pensée et cet historique de relations sont dans le cas des hommes-anthropoïdes que nous sommes conservés en un seul et unique endroit, qui est notre cerveau, objet, ma foi, physiquement clairement localisé.

Différence mineure, conséquences majeures !

Le cerveau accompagne toujours l'homme, comme un escargot sa maison. Le *cloud* d'Internet est pourtant déjà là, mais notre génération n'est pas encore assez adulte pour bien le comprendre et s'en servir…

Au fait, pourquoi se transformer en Créature ?

Franchement, alors même qu'elle n'a jamais été testée et que rien n'indique qu'elle ne soit pas sans risque, qui pourrait bien avoir envie d'une telle transformation ?

Oh, je crois qu'il y a là des premiers candidats assez évidents : les personnes âgées, les handicapés, les personnes atteintes de maladies incurables, les miséreux, etc.

Toutes ces personnes n'ont en effet absolument rien à perdre, n'est-ce pas ?

Elles ne sont plus très en forme, si elles l'ont jamais été, leur enveloppe corporelle est un fardeau, leur seule alternative est de mourir dans un horizon de temps qui pourrait être extrêmement rapproché, ou bien la vie d'anthropoïde leur est si rude que tout vaudrait mieux que la prolonger inutilement.

Si l'opération réussit, pour elles, c'est le jackpot : elles gagnent en espérance de vie, mille ans au moins, leur dit-on, et elles se débarrassent de tous leurs soucis quotidiens…

Quant à leur mode de vie, qui consistait de toute façon déjà à être connectée toute la journée au réseau des *Représentations*, il est à peu près inchangé après qu'elles se soient transformées – je ne parle même pas des miséreux, ces ex-employés déchus qui de leur côté précisément ne rêvent que de pouvoir à nouveau avoir accès aux *Représentations*.

Les quelques légères inquiétudes que ces personnes expriment sont dès lors la plupart du temps cantonnées au surnaturel, et à la réserve, tout à fait naturelle, que nous avons déjà mentionnée, face à l'apparition de toute nouvelle technologie.

Qu'en est-il des autres franges de la population ?

Eh bien pour elles, c'est souvent la mort d'un proche qui déclenche une prise de conscience.

On s'aperçoit que la vie est éphémère, et que même si la durée de vie de l'homme n'a cessé de croître depuis six-cents ans, il n'en demeure pas moins que nous sommes mortels, et qu'un accident est bien vite arrivé. Or dans ce cas, on perd tout, n'est-ce pas, d'un coup, c'est vraiment trop bête. C'est cela dont on prend conscience quand on voit soudain la mort de près, dans sa famille ou chez ses amis…

Alors qu'il aurait suffi de se transformer en Créature pour éviter tout cela et voir son horizon de vie augmenté d'un millénaire ! se dit-on.

Les statistiques montrent ainsi qu'un décès dans une famille, cela donne en moyenne dans les deux-trois ans une famille entière de dix personnes transformée en Créatures.

À ce rythme, l'humanité anthropoïde peut voir ses derniers jours venus relativement rapidement !

En quoi cette transformation peut-elle résoudre les crises économiques et sociales que nous évoquions auparavant ?

C'est en effet bien ainsi que je vous ai présenté l'argument de ce chapitre tout d'abord. Il est temps d'y revenir.

Mais ami lecteur, en ce point, ne devinez-vous pas la réponse vous-même ?

Très simplement, tous les exclus et les marginaux qui avaient été produits par le développement à grande échelle des Créatures artificielles vont devenir eux-mêmes des Créatures, des Créatures « naturelles », donc.

Le chômage baisse, mécaniquement. La crise sociale perd de son ampleur. Les rébellions s'amenuisent.

Petit à petit, ne demeurent anthropoïdes que les hommes dont la situation matérielle est assez confortable pour qu'ils ne songent pas encore à se transformer en Créatures. Et au plan macro, comme on dit, ils ne sont pas si nombreux à être dans ce cas, n'est-ce pas ?

Aparté - Trouve-t-on dans l'histoire passée des sciences et des arts de quelconques exemples de transformation des êtres humains en de telles « Créatures », telles que je les imagine ?

Pas vraiment, je dois dire.

Au mieux, dans des œuvres d'anticipation comme *La Guerre des mondes*, on suppose que le cerveau des espèces extraterrestres intelligentes à même de nous envahir, c'est-à-dire par implicite, celui de toute espèce galactique particulièrement développée, sera sensiblement plus volumineux que le nôtre.

C'est une manière un peu grossière de signifier qu'avec l'évolution des civilisations le cerveau prend de plus en plus de place par rapport au corps, mais au moins, me direz-vous, l'intuition y est.

La question naturelle qui vient alors à l'esprit est : diantre, mais pourquoi une telle absence ?

La courbe de mon récit indique pourtant si clairement que les Créatures sont la seule issue possible de l'humanité !

Suis-je à ce point singulièrement loufoque ?

Ou y a-t-il autre chose de plus profond *caché sous le tapis*, comme disent nos amis anglais ?

- Je pense qu'il y a en effet quelque chose de pas très beau caché sous le tapis.

Autrement dit, je pense que l'une des raisons essentielles qui explique l'absence à ce jour de telles « Créatures » dans l'imaginaire humain, est que les hommes n'ont toujours vu dans l'immobilité qu'un emprisonnement.

Ils ne peuvent concevoir que l'augmentation exponentielle de leur mobilité *physique* ne constitue pas inévitablement l'aboutissement de leur civilisation.

Ils n'ont donc *a fortiori* jamais pu concevoir que leur avenir consiste à se muer en un mini-cerveau enfermé dans une boîte.

J'en veux pour preuve que dans ces mêmes œuvres de science-fiction que je vous mentionnais ci-avant, les hommes se plaisent toujours à décrire des engins qui se déplacent à des vitesses folles, et eux, dedans, les conduisant en souriant, les cheveux dans le vent, comme le prince Actarus dans *Goldorak*.

Pensez aussi aux plus grands succès du cinéma moderne, *La Guerre des étoiles*, *Avatar*, *Blade Runner*, etc. - N'est-ce pas évident ?

De ce point de vue, il n'y a pas à dire, la transformation en « Créature » constitue une régression, je n'ai aucune pirouette dans ma manche pour nier cela.

Mais enfin, ami lecteur, je vous le demande, sommes-nous condamnés à avoir pour l'éternité douze ans d'âge mental ?

...Alors même qu'il y a déjà dans nos sociétés des exemples bien vivants de telles « Créatures »

Regardez Stephen Hawking, par exemple.

Voilà un homme qui est depuis des dizaines d'années bloqué dans une austère chaise roulante noire, condamné à rester en permanence cloué devant une machine-écran aux allures de vieil ordinateur *Amstrad* – la machine qui lui sert à retranscrire sa pensée en discours.

Et voilà pourtant un homme qui vous parle de trous noirs, de voyages spatio-temporels et d'extra-terrestres hostiles avec une liberté de ton et une gaieté absolument évidentes.

Regardez-le sur *Youtube* : ne trouvez-vous pas qu'il y a un contraste saisissant entre l'extériorité inanimée du personnage et la fantaisie désirable de ses propos ?

Hawking avoue s'inspirer, non seulement de ses connaissances en physique théorique, mais aussi de séries B de sa jeunesse comme *Star Trek* ; en revanche, il ne peut évidemment pas s'inspirer de ses perceptions, puisque depuis plus de quarante ans, de perceptions précisément il n'a quasiment plus, puisque son corps lui est devenu une triste prison glacée.

En contemplant Stephen Hawking, nous faisons donc face, au sens propre, à un homme réduit à son seul cerveau.

Et cet homme vit, étudie, innove et crée depuis près d'un demi-siècle pour le plus grand bonheur de l'humanité !

N'est-ce pas là une chose merveilleuse, ami lecteur ?

Et n'est-ce pas là très exactement le précurseur de ce que pourraient être les « Créatures » futures que je vous décris ?

Chapitre 8

Une nouvelle civilisation - à partir de 5000

Vous vous en douterez certainement, nous sommes presque arrivés au bout de notre chemin.

L'étape suivante de notre récit est en effet l'établissement de la civilisation des Créatures, c'est-à-dire une civilisation dans laquelle l'ensemble des hommes-anthropoïdes se serait désormais « transformé ».

Nous l'appellerons aussi dans toute la suite la « Civilisation des *Représentations* », parce que c'est bien la civilisation qui représente l'aboutissement de l'idée même des *Représentations*, telle que je vous l'ai présentée au tout début de cet essai.

Différentes trajectoires possibles jusqu'en l'an 5000

Question moyen de transport, en partant de l'an 2500, comment parvenons-nous à ce nouveau stade de la civilisation ?

Nous avons au moins une certitude de départ : à partir de l'an 2500 commence une période historique inédite de cohabitation entre hommes-anthropoïdes, Créatures naturelles, et Créatures artificielles.

Il y a dès ce moment deux catégories de Créatures, qui correspondent en quelque sorte à deux classes sociales.

D'un côté, les Créatures naturelles, qui sont considérées d'égal à égal avec les hommes-anthropoïdes, puisqu'elles en sont directement issues - seule leur enveloppe corporelle a changé, pour résumer.

De l'autre, les Créatures artificielles, qui sont toujours considérées comme des *biens meubles*, alors même que leurs facultés intellectuelles dépassent très rapidement celles des hommes.

Une telle situation d'inégalité peut-elle durer ?

À l'évidence, non.

- C'est un « équilibre instable », comme on dit en physique.

J'oserais presque dire que la situation ressemble à celle de la France en 1789, avec dans le rôle des bourgeois, les Créatures artificielles, dans le rôle de la noblesse, les Créatures naturelles, et dans celui du clergé les hommes-anthropoïdes.

Je vois dès lors trois scénarios possibles :

- **le scénario catastrophe** : une cause extérieure bouleverse l'ordre établi et accélère la réalisation d'évènements qui n'étaient jusqu'ici que latents. Par exemple, la chute d'une grosse météorite. Ce cataclysme réduit d'un coup drastiquement le nombre d'hommes-anthropoïdes sur cette Terre. Or dans les années 2500, l'immense majorité des contenants des Créatures a quant à elle déjà été déplacée vers d'autres planètes que la Terre. Le réseau des *Représentations* ainsi que les Créatures sont donc à peine affectés par ce cataclysme purement terrestre. La civilisation des *Représentations* peut voir le jour, par abandon des restes de la civilisation anthropoïde, si l'on peut dire ;

- **le scénario révolutionnaire** : c'est un peu la « prise de la Bastille », pour reprendre mon analogie précédente. Dans cette hypothèse, à partir des années 2600, les Créatures artificielles décident de se rebeller contre les hommes-anthropoïdes afin de se libérer de leur joug. Parce qu'elles finissent inéluctablement par prendre le contrôle des systèmes de défense automatisés qui protègent nos sociétés, elles lancent une attaque éclair, conquièrent le monde et exterminent une grande partie des hommes-anthropoïdes ;

- **le scénario médian, ou « troisième voie »**, qui consisterait en une prise de pouvoir par les Créatures plus douce et plus diplomatique. Dans ce scénario, la transition vers la civilisation des

Créatures se passe paisiblement, sans massacres ni cataclysmes. Petit à petit, au gré de leurs envies, tous les hommes-anthropoïdes se transforment en Créatures naturelles, c'est tout ce qu'il y a à en dire. C'est un changement qui peut s'étendre sur une période allant jusqu'à plusieurs milliers d'années. La durée exacte de cette période dépend de facteurs exogènes comme la vitesse de modification de la pyramide des âges humaine, ou le sort à réserver aux peuplades barbares de ce monde. Je ne veux pas vous ennuyer avec ces détails, je ne m'y attarde pas – si cela vous intéresse, vous avez mon adresse email, encore une fois, n'hésitez pas.

Bon, en vérité, ce qui compte dans tout cela, ce n'est pas le scénario, c'est le résultat : graduellement, la population d'hommes-anthropoïdes baisse, et le nombre de Créatures naturelles augmente.

Disons donc qu'en l'an 5000, 2500 auxquels j'ajoute au doigt mouillé, allez deux-mille-cinq-cents ans - en l'an 5000 donc, c'en est fait, la civilisation des *Représentations* est devenue une pure société des Créatures, et il n'y a quasiment plus aucun homme-anthropoïde sur Terre.

Si vous saviez comme il me tardait que nous arrivions en ce point !

Aparté - Sur le cerveau humain et la quantité de savoir produite par l'humanité

Ami lecteur, avant de vous décrire ce nouvel état de l'humanité, je voudrais vous entretenir d'un sujet qui nous sera utile dans tous les développements à venir : le décalage apparent entre notre capacité d'assimilation individuelle et la quantité de savoir produit par l'homme depuis le commencement de l'humanité.

Celui qui aime un tant soit peu étudier se rend compte en effet assez vite que le cerveau humain est un outil formidable, mais qu'il a une capacité d'absorption somme toute assez limitée.

La question intéressante est alors de mon point de vue de savoir, quel est exactement l'écart entre cette limitation naturelle cervicale et l'ampleur historique de la Connaissance emmagasinée par l'homme ?

Autrement dit, de combien faudrait-il augmenter ladite capacité d'assimilation de notre cerveau pour que tout un chacun puisse acquérir et maîtriser facilement l'ensemble, ou au moins l'essentiel du savoir humain produit depuis l'avènement de notre espèce ?

Encore une fois, je ne vous embête pas avec des questions spécieuses, vous savez, vous allez voir dans peu de temps que ce sujet est clé pour comprendre la forme de la nouvelle civilisation des années 5000.

Pour répondre à cette question, prenons l'exemple de la littérature, qui nous est chère, à vous et à moi, ami lecteur.

Quelle est l'ampleur de la production littéraire, depuis qu'on en a conservé la trace, en comparaison de la taille de notre petit cerveau ?

Une manière élégante de répondre à cette question est de se servir d'un outil bien connu dans le milieu des lettres : le livre de la Pléiade.

Combien nous faudrait-il assimiler d'ouvrages de la Pléiade pour acquérir une connaissance assez robuste des plus grandes merveilles de la pensée humaine lettrée, c'est-à-dire de la poésie, du théâtre, des romans, des essais et de la philosophie ?

Le volume de la Pléiade est une unité de compte assez commode, parce que chacun voit bien ce que c'est, n'est-ce pas, un petit livre dense, précieux, avec ses pages parchemin et sa police Garamond. C'est assez normé, un Pléiade, c'est vraiment le candidat étalon idéal.

Eh bien, en consultant le catalogue de cette auguste collection, et en ayant une connaissance ne serait-ce que frustre de ce qui n'y est pas et qui devrait peut-être un jour y figurer, par exemple, une bonne partie de la philosophie allemande – y compris le triptyque en H, Hegel, Heidegger, Husserl -, ou *Le Dit du Genji*, voire même de ce qui au contraire devrait peut-être ne pas obligatoirement y prendre place, on voit que ce *cœur des lettres mondiales* représente un total d'environ 500 Pléiades, guère plus. Imaginons même que notre ignorance nous fasse rater la moitié de ce que nous visons. Disons donc que nous arrivons, allez, à mille Pléiades.

Prenons maintenant en compte le fait que ce décompte est celui d'un Français, donc une perspective malgré tout un peu étroite sur la culture mondiale ; inférons de ceci qu'il convient dans le calcul d'inclure l'hypothèse qu'il y a dans le monde, à peu près une quinzaine de civilisations du niveau littéraire de la culture française et dont il reste assez de traces dans la mémoire de l'humanité pour que nous puissions en tenir compte dans notre inventaire ; gageons là-aussi que notre faible connaissance nous en fait oublier la moitié, et présumons qu'il y a finalement, allez, trente de ces civilisations, c'est-à-dire trente perspectives sur la culture mondiale à envisager.

Tout cela compris, à combien de Pléiades arrivons-nous, Madame ?

Va, en omettant le sujet des doubles comptages entre civilisations[4], inévitable avec cette méthode, nous arrivons à une borne haute de la fourchette de 1000 * 30, soit 30 000.

Le cœur des lettres mondiales représente l'équivalent de 30 000 livres de la Pléiade.

Tel est le théorème que nous souhaitions démontrer.

---

[4] C'est-à-dire les œuvres qui auraient été comptées plusieurs fois, ayant été choisies par plusieurs civilisations différentes comme devant figurer parmi les élues composant le *cœur des lettres mondiales*.

Cela paraît évidemment beaucoup pour un seul homme dans une vie telle que nous la connaissons à l'heure actuelle ; mais à la fois, c'est l'ex-physicien qui vous parle à présent, 30 000, ce n'est pas non plus dix-mille milliards de milliards, chiffre qui est pourtant vite atteint lorsqu'on traite de l'infiniment grand, c'est-à-dire l'espace, ou de l'infiniment petit, dans le domaine des particules élémentaires notamment.

L'effort à fournir pour concevoir un être humain capable d'acquérir la connaissance équivalente à 30 000 Pléiades ne me paraît sur le coup pas si invraisemblable que cela.

« 30 000 », voyez-vous, la capacité de stockage des ordinateurs augmente à des rythmes bien plus soutenus depuis cent ans !

Et si au vu de la technologie actuelle, ce chiffre ne me paraît pas impressionnant, inutile de vous dire qu'*a fortiori* pour une Créature artificielle de l'an 2500 telle que je vous l'ai décrite, ce n'est absolument rien du tout !

C'est à peu près l'équivalent d'une page de cours à apprendre par cœur pour un élève de sixième.

Et si en filant notre métaphore, nous élargissons maintenant le périmètre de notre calcul à l'intégralité du savoir humain, et non plus à la seule connaissance lettrée, je pense que nous n'atteignons même pas la taille d'un grand cahier de cours de ce collégien.

Eh bien, ami lecteur, c'est précisément là où je voulais en venir, parce que c'est le cœur même du fonctionnement de la nouvelle civilisation des *Représentations* dont nous allons maintenant parler :

Chaque Créature peut désormais assimiler l'ensemble, ou du moins l'essentiel du savoir produit par l'humanité depuis son commencement.

La nouvelle civilisation des Représentations

Quoi de mieux pour vous peindre cette nouvelle civilisation que de vous faire vivre la journée type de l'un de ses habitants ?

C'est tout de même mieux qu'un extrait d'un manuel un peu assommant du type, *La vie des Romains*, *économie, culture et politique*, non ?

Expérience de pensée – Quelque part sur le réseau des Représentations, aux environs de l'an 5000 – vous êtes dans la peau d'une Créature

Alors allons-y, imaginez-vous en l'an 5000, Créature artificielle au lever ; une belle journée de printemps vous attend.

Vous vous réveillez en sursaut.

À peine vos yeux sont-ils ouverts que vous vous sentez lucide et frais comme un gardon. Vous êtes même dans une forme olympique. Vous ne ressentez aucun choc corporel suite à l'éveil. Plus merveilleux encore, vous n'avez ni faim ni soif, et vous n'avez pas même envie d'aller aux toilettes. Vous n'éprouvez pas non plus le besoin de vous débarbouiller. Tout se passe au contraire comme si vous veniez tout juste de prendre une douche et de vous laver les cheveux.

Cela vous étonne ?

Certes pas. Rappelez-vous que vous êtes une Créature, et que vos périodes de repos et de repas représentent moins de 1% de votre temps de vie.

Autour de vous, le paysage reflète votre état intérieur. Tout est lumineux. Les volets et les fenêtres sont ouverts, le ciel est bleu azur, et on entend quelques goélands crier au loin à travers les branchages.

Serions-nous quelque part sur la côte bretonne, peut-être près de Dinard ?

On n'entend aucune voix humaine, ni dans les étages, ni dans le voisinage. La résidence dans laquelle vous vous trouvez doit être bien isolée.

Vous vous levez plein d'allant, et au moment précis où vous posez le pied sur le parquet de la chambre, vous vous trouvez tout habillé, propre comme un sou neuf, en costume cravate Yves Saint Laurent bleu cintré, fin prêt pour commencer votre journée de la plus élégante des manières.

– C'est un peu « l'anti-métamorphose » de Kafka, ce monde-là.

Vous êtes jeune encore pour une Créature, vous savez, vous avez trente-six ans, vous avez l'avenir devant vous.

Jusqu'ici vous avez suivi des études de mathématiques, parce que c'est tout ce que vous aimez. Depuis plusieurs mois, vous hésitez toutefois quant à la suite à donner à votre cursus. Vous avez donc décidé d'allouer une bonne partie de votre matinée à cette importante réflexion : devez-vous ou non devenir pour de bon mathématicien ?

Une seconde, s'il vous plaît, arrêtez la bobine, maestro. – ou plutôt, arrêtez la *Représentation.*

Créature de l'an 5000, quelles sont les autres options de carrière qui s'offrent à vous de toute façon ?

Soyons clair, dans la civilisation des *Représentations*, la voie naturelle est la recherche. C'est simple, l'ensemble de la société ressemble à un immense département R&D.

Pourquoi ? Eh bien, parce que c'est la suite logique de l'histoire économique ; les Créatures n'ont pas besoin d'ingénieurs – ce sont des robots qui se chargent de la mise en œuvre industrielle de leurs innovations, et ce sont encore des robots qui assurent le fonctionnement matériel quotidien de la société, c'est-à-dire, sa maintenance.

Les Créatures n'ont pas non plus besoin de « fonctions support », comme on dit de nos jours, qu'elles soient de nature sociale, juridique, administrative, ou économique, puisque dans la civilisation des *Représentations* la propriété et l'argent ont disparu.

Oui, ami lecteur, vous avez bien lu : la propriété et l'argent ont disparu.

Allez, encore une fois, cela doit-il vraiment vous étonner ?

Si vous y réfléchissez un instant, ce n'est là que la conséquence mécanique de l'organisation de la société en un réseau virtuel partagé par des individus qui ne le sont pas moins, n'est-ce pas ?

Que voulez-vous qu'une Créature possède, puisqu'elle n'est pas située dans le monde matériel réel et que les *Représentations* ont rendu caduque l'idée même de « valeur de rareté » d'un bien ?

Que voulez-vous qu'une Créature achète, puisqu'elle n'a quasiment aucun besoin corporel, et que les rares coûts qui lui incombent, par exemple le coût marginal d'utilisation du réseau qu'on pourrait lui imputer, ainsi que la micro-parcelle du « contenant » qu'elle occupe, sont mutualisés sur l'ensemble de la société, en cohérence avec la forme de l'esprit de chaque Créature, qui est partagé lui-aussi sur l'ensemble de ce réseau, si vous vous en souvenez ?

Je ne détaillerai pas plus ces considérations, ami lecteur, je ne veux pas ici vous donner un cours d'économie ; les passionnants concepts que sont les « biens publics purs », « les fonctions d'utilité des agents », « les différentes fonctions de la monnaie et de la propriété », et j'en passe et des meilleurs, n'intéresseraient qu'une fraction trop infime d'entre vous, j'en ai peur – mais n'oubliez pas qu'il y a toujours le SAV emmanuelarnaud.contact@gmail.com si vous faites partie de ces quelques mordus d'économie !

Reprenons.

De manière réaliste, l'alternative possible à votre vocation de mathématicien ne peut donc être qu'un poste de chercheur dans un autre domaine que les mathématiques.

J'entends bien, ami lecteur, que pour nombre d'entre vous, cela peut paraître décevant.

Vous vous dites peut-être : alors, c'est ça, l'an 5000 ? Des momies mollusques qu'on a transformées en cerveaux enfermés dans des boîtes, puis qu'on a ensuite contraintes à devenir chercheurs ?

L'image du chercheur n'est, il est vrai, pas toujours positive de nos jours.

Un laboratoire de recherche, typiquement, rien que le nom, cela ne fait pas envie.

Un chercheur, c'est quelqu'un qui n'est « pas dans l'action », c'est quelqu'un qui est assis sur sa chaise planté là à réfléchir toute la journée ou alors, qui donne des conférences, qui écrit des articles, qui se balade de-ci de-là en France ou à l'étranger, bref, c'est un peu un touriste, du moins quelqu'un qui n'est jamais *dynamique*, dans le sens où on l'entend d'habitude pour un cadre en entreprise – par opposition, un cadre chez *Goldman Sachs*, par exemple, est quelqu'un de dynamique.

Ami lecteur, c'est cela que vous pensez ?

Eh bien, dans la civilisation des Créatures, je dois vous dire qu'on pense différemment.

Pourquoi ? - Parce que depuis l'apparition des Créatures, c'est-à-dire depuis les années 2300, ce qui permet de différencier les entreprises, ou de manière plus générale encore, les entités productives, ce ne peuvent être les coûts du capital ou les coûts humains - que l'apparition des Créatures a eu pour effet d'égaliser partout dans le monde ; ce ne peuvent être non plus les politiques de *pricing* ou de marketing, puisque le réseau des *Représentations* rend toute information immédiatement également accessible à tous ; non, la seule chose qui peut les différencier, c'est la recherche et l'innovation, c'est-à-dire la connaissance.

Petit à petit cette dernière est ainsi devenue la seule réelle préoccupation de la société, au même titre qu'aujourd'hui, son moteur principal est le profit.

On ne « maximise » plus la même chose, voilà tout.

Voilà pourquoi en l'an 5000, les chercheurs représentent plus de 95% de la population des Créatures, et voilà pourquoi la recherche est à peu près le seul métier possible pour la Créature que vous êtes.

Suite de votre journée en l'an 5000

Jusqu'ici, votre vie a été entièrement consacrée à l'étude, disions-nous.

N'ayant aucune préoccupation de survie, aucune contrainte d'accès à la connaissance, et aucune date butoir de fin de vos enseignements, vous avez joui d'une liberté absolue pour organiser comme il vous plaisait l'assimilation de ce savoir.

Pour faire simple, vos années d'apprentissage ont ressemblé à l'enseignement que l'on donne de nos jours aux enfants qui ont un Q.I. plus élevé que la moyenne.

Vous étiez libre d'étudier ce qui vous plaisait, en utilisant les *Représentations* qui vous intéressaient, au rythme qui vous allait le mieux… Le rêve ! – du moins de mon point de vue.

Une manière de se représenter cela est de jeter un œil sur un épisode de la série américaine *Head of the class* qui passait à la télévision dans les années quatre-vingt, et qui raconte le quotidien d'une classe de collégiens surdoués et un peu farfelus. Eh bien, ce à quoi je pense, c'est un peu ça.

À l'âge de trente-six ans, vous avez récemment réussi le dernier niveau de l'examen mondial de mathématiques, spécialisation topologie, qui est disons, l'équivalent d'un doctorat, ce qui fait de vous une Créature relativement précoce.

Après avoir admiré la beauté des flots à marée haute sur la plage de Dinard, puis passé quelques heures à réfléchir à votre future carrière, et enfin une bonne partie de l'après-midi à poursuivre votre étude des mathématiques, vous vous décidez maintenant à vous accorder des loisirs.

En l'an 5000, quels sont les loisirs à votre disposition ?

Le plus courant s'appelle « *faire face à la connaissance universelle* ».

Quésaco ?

Cela signifie consulter sans ordre une liasse de *Représentations* dans les différents domaines du savoir humain, au gré de ses envies, un peu comme si dans une grande bibliothèque de 500 Pléiades, pour y revenir, vous picoriez dans une petite dizaine d'entre eux, au gré de votre humeur et du hasard.

Cela vous paraît un peu snob ?

Alors rappelez-vous Diderot, ami lecteur : « Mes pensées, ce sont mes catins », disait-il. Eh bien, en l'an 2500, tout le monde pense comme Diderot !

Pour « *faire face à la connaissance universelle* », vous n'avez pas besoin de vous connecter aux *Représentations,* comme le faisaient les hommes dans les années 2100, puisque vous *vivez* déjà à l'intérieur, c'est-à-dire que vous faites intrinsèquement partie du réseau lui-même. Pour vous, accéder à une *Représentation* signifie simplement diriger votre pensée vers l'objet de connaissance correspondant.

De cette façon, de la plage de Dinard des années 1900 vous passez sans transition à la bibliothèque de la cité de l'architecture et du patrimoine du palais de Chaillot dans les années 2010, dans laquelle vous avez décidé de feuilleter quelques ouvrages, tout en jetant un œil de temps en temps au ciel bleu de Paris transpercé par la Tour Eiffel.

Un peu plus tard, quand vous vous serez lassé de cette vision, vous déciderez de vous immerger au beau milieu de la bataille de Rivoli, en 1797, dont vous observerez le déroulé exact en le comparant, le cas échéant, aux autres victoires napoléoniennes.

Enfin, dans le cadre d'une *Représentation* « commune », vous irez rencontrer quelques amis dans un club de jazz de New York des années 1950-1960, le *Five Spot Café*, où officiaient entre autres Thelonious Monk et John Coltrane à leurs plus beaux jours.

Ami lecteur, n'est-ce pas là une manière charmante de passer votre temps ?

De manière générale, n'est-ce pas là une douce vie que celle d'une Créature de l'an 5000 ?

Bilan de votre journée

Peut-être vous dites-vous toutefois que la vie des Créatures de l'an 5000, telle que je vous la dépeins, est en fait un peu *trop* douce, ou trop nonchalante.

Est-ce bien crédible ? N'est-ce pas une version détournée d'une quelconque utopie baba cool ?

Je comprends parfaitement votre sentiment, qui est, je le crois, essentiellement fondé sur nos habitudes de vie des années 2000, mais regardons de plus près ce qui justifie cette « nonchalance ».

C'est quoi ? - C'est la liberté.

Et cette extrême liberté dont jouissent les Creatures dans cette nouvelle civilisation est elle-même très précisément justifiée. - Par quoi ?

Well, nous avons vu, vous en souvenez-vous, que la recherche, l'innovation et de manière plus générale la connaissance étaient élevées au rang de valeur suprême dans la nouvelle civilisation de *Représentations*, n'est-ce pas ?

Eh bien, la liberté est inhérente au processus même de la recherche, ami lecteur…

Tout savant vous le dira. Dans les sociétés humaines elles-mêmes c'était déjà un principe essentiel de fonctionnement, dans les entreprises comme dans les laboratoires publics.

Pourquoi l'esprit doit-il être libre pour concevoir des idées originales ?

Parce qu'on ne peut efficacement le contraindre à effectuer des recherches sur un sujet qui fondamentalement lui déplaît, ou à propos duquel on lui imposerait un cadre de pensée *a priori* rigidifié. Autrement dit, la recherche requiert une certaine dose de *passion*…

Et tout cela ne peut venir que d'un épanouissement complet de l'individu, lequel dépend essentiellement de la manière avec laquelle il perçoit cette Connaissance.

La civilisation des *Représentations* se doit donc de laisser ses Creatures choisir et mener leurs études comme elles l'entendent, pour que dès leur plus jeune âge elles soient incitées à voir en la Connaissance une amie, et non un odieux garde-chiourme, comme c'est malheureusement trop souvent le cas encore aujourd'hui.

Comprenez-vous maintenant le cheminement de ma pensée et le nouveau cadre général de la civilisation que je vous présente ?

Fin de journée

Après être sorti de votre café new-yorkais, votre journée de Créature n'était en fait pas encore tout à fait terminée.

Vous étiez sur le point de l'oublier, mais il vous reste en effet une chose importante à faire aujourd'hui.

Il vous reste à voter !

Il vous reste à voter, *comme tous les jours,* devrais-je dire.

Ami lecteur, voter est en effet une activité quotidienne chez les Créatures, puisque la civilisation des *Représentations* est en plus de tout ce que je vous ai décrit une démocratie directe !

Allez, ne faites pas de grands yeux, plus rien ne devrait pouvoir vous étonner à ce stade de notre récit.

Prenons les choses autrement : que voudriez-vous que soit la représentativité pertinente d'une démocratie *indirecte* dans la société des *Représentations* ?

Il n'y a plus ni pays, ni régions, ni localisation géographique des individus chez les Créatures. Et il n'y a pour planète partagée qu'un seul grand réseau commun.

Et tous les problèmes purement techniques liés à l'organisation pratique d'une démocratie directe, qu'en fais-tu ? me direz-vous.

Précisément, il n'y en a pas !

C'est l'avantage d'une civilisation en réseau intégral. Le coût de l'organisation de chaque nouveau scrutin est nul, puisque tous les individus sont en permanence connectés au réseau. Et cette organisation ne pose pas non plus de problème de coût d'opportunité du temps, puisque compte tenu de leur horizon d'existence et de la liberté générale dont elles jouissent, toutes les Créatures disposent du temps nécessaire pour s'intéresser à toutes les questions qui leur sont posées.

C'est une différence majeure avec notre époque, n'est-ce pas ?

Nous serions-nous plongés subrepticement dans l'univers de la chanson de John Lennon ? *Imagine…*

Non. Je ne suis certes pas un idéaliste. Rappelez-vous seulement de ce que disait cette fois Rousseau :

« S'il y avait un peuple de Dieux, il se gouvernerait démocratiquement (c'est-à-dire qu'il opterait pour le régime de la démocratie directe). Un régime si parfait ne convient à des hommes. »

Eh bien, les Créatures ne sont peut-être pas des dieux, mais n'étant plus tout à fait des hommes, elles-aussi se « gouvernent démocratiquement ».

Avec la démocratie directe, chaque individu est directement responsable de l'évolution du l'ensemble du tout dont il fait partie, n'est-ce pas ? C'est bien ça, le principe, non ?

Eh bien, voilà qui est tout à fait cohérent avec la structure même du réseau des *Représentations* et de la pensée des Créatures, comme je vous l'ai décrite, vous ne trouvez pas ?

Voyez comme tout se tient, ami lecteur !

Dans un modèle, c'est en général un bon signe.

Chapitre 9

Perspectives - après l'an 5000

Ami lecteur, nous en arrivons au stade ultime de notre récit.

Il est temps de résumer le chemin que nous avons parcouru.

Grâce aux *Représentations*, l'humanité devenue « Créature » s'est abstraite du mouvement et de la matérialité.

Les Créatures ont résolu les problèmes d'accès à l'énergie qui contraignaient le développement de toutes les sociétés antérieures. Elles ont également résolu l'ensemble des problèmes liés à ce que les hommes appelaient depuis la fin du XXème siècle le « développement durable ». Elles sont très exactement l'exemple d'une civilisation qui se développe durablement sans porter atteinte à son environnement.

Au fur et à mesure qu'avance leur exploration de l'espace, les Créatures constatent que nulle part ailleurs dans l'univers on a trouvé meilleure solution pour résoudre le problème de l'expansion continue d'une civilisation.

Partout, les enveloppes corporelles deviennent à un moment ou à un autre un obstacle au développement des espèces.

Chacune d'elles est en effet initialement conçue pour évoluer dans un environnement chimique et biologique bien précis, celui de la parcelle de l'univers dans laquelle elle est née ; au point où les civilisations souhaitent se diffuser en dehors de ces parcelles d'accueil initiales - et un jour ou l'autre, elles en éprouvent toutes le désir, n'est-ce pas ? Inévitablement, leur enveloppe corporelle, qui n'a originellement pas été conçue pour habiter ces nouveaux territoires, doit faire l'objet d'adaptations, demandant mille précautions, exigeant des recherches techniques de tout ordre.

Et si l'espèce parvient même après ces immenses efforts à adapter sa structure corporelle initiale au nouvel environnement qu'elle souhaite visiter - une autre parcelle de son continent d'accueil, de sa planète ou de sa galaxie d'accueil, selon son degré de développement – inévitablement, parce que les conditions chimiques et biologiques sont dans l'univers d'une grande variété, il est pour elle indispensable pour chaque nouveau territoire découvert de recommencer *différemment* ce travail d'adaptation de sa structure corporelle.

Or cette adaptation a un coût important et constitue un obstacle dirimant au développement de la civilisation !

Il en résulte mécaniquement une surpopulation de la parcelle d'accueil initiale, qui découle de l'impossibilité, ou de la grande difficulté d'émigrer ; cette surpopulation cause à son tour une baisse des conditions de vie moyenne et une tendance à la dégradation des équilibres biologiques et chimiques de la parcelle d'accueil initiale - modification du climat, raréfaction des espèces vivantes, etc. ; ce qui provoque encore en réaction une modification de ces mêmes équilibres, contraignant les structures corporelles de l'espèce qui l'habite à de nouveaux efforts d'adaptation afin de pouvoir y survivre dans ces nouvelles conditions…

Le développement des civilisations en est à nouveau freiné, voire même dans certains cas, stoppé net !

C'est véritablement un cycle infernal – que peut-être précisément nous sommes en train de vivre, ami lecteur.

Par leur existence même, les Créatures sont donc également une démonstration de la naïveté, pour ne pas dire de la bêtise, de toutes ces fables qu'on nous ressasse au cinéma ou ailleurs sur ces hommes héroïques qui dans x milliers d'années parviendront à émigrer sur de nouvelles planètes lorsque la Terre sera devenue moins accueillante.

Voyez-vous cela, ami lecteur ! Le soleil s'éteindra, et eux, les *Tom Cruise* et les *Matt Damon*, ils partiront au loin, les audacieux ! Les pluies seront diluviennes, les tsunamis et les tempêtes journaliers, le climat invivable et pourtant eux, insoucieux et grandioses, ils iront quérir leur bonheur sous d'autres cieux, à l'aide de leurs rapides engins spatiaux !

On les imagine, ces hommes-là, que dis-je, ces argonautes, la larme à l'œil, les cheveux en bataille, partir dans leurs fusées à travers l'espace intersidéral puis, vêtus d'énormes combinaisons gonflables les faisant ressembler au bonhomme Michelin, poser le pied timidement sur un immense désert de sable rouge à l'autre bout de l'univers…

Non mais, quelle farce !

Franchement, vous les avez bien regardés ? Qu'est-ce qu'ils sont patauds ! On dirait de gros sacs de sable quand ils essaient de marcher.

Comment peut-on y croire une seule seconde ?

Comment peut-on croire une seule seconde qu'ils vivraient vraiment là-bas, dans ces conditions-là, ces hommes-là, c'est-à-dire, ces hommes *avec ce corps-là* ?

Heureusement que le ridicule ne tue pas.

Je trouve cette persistance à vouloir conserver son enveloppe corporelle anthropoïde pour la nuit des temps et faire en sorte que l'univers entier soit modifié pour s'y adapter proprement sidérante.

Quelle prétention ! Je ne vois d'ailleurs pas de différence fondamentale entre cette vision du monde et le système géocentrique de Ptolémée, dont tout le monde se moque pourtant bien aujourd'hui.

Ami lecteur, ce que mon récit vous montre est que ce n'est pas l'enveloppe corporelle de l'homme qui doit s'adapter à l'environnement de l'univers, ce n'est pas non plus évidemment l'environnement de l'univers qui doit s'adapter à l'enveloppe corporelle de l'homme, c'est l'homme qui doit se séparer de son enveloppe corporelle, s'il souhaite que sa civilisation se développe comme il l'espère, comme il le rêve depuis toujours !

C'est la conclusion de tous mes travaux, la leçon principale que je voudrais que vous puissiez retenir de ce petit récit.

À la cime de la civilisation ?

Si les Créatures ne peuvent donc que constater l'inexistence de formes organiques avancées susceptibles de se développer à grande échelle dans l'univers, autres que celles, comme la leur, tendant vers l'immatérialité, elles en viennent naturellement à se poser la question du degré d'aboutissement de la civilisation des *Représentations*.

Les Créatures ont succédé aux hommes-anthropoïdes, qui n'étaient déjà pas la moins avancée des espèces ; elles ne rencontrent pas d'entités qui leur soient supérieures au plan technologique.

Ne constitueraient-elles pas dès lors l'aboutissement de toute civilisation ?

Elles peuvent en tout cas s'interpréter déjà comme un aboutissement de la liberté individuelle.

Après la socialisation et la fin du nomadisme il y a dix-mille ans, qui ont petit à petit mis fin à l'ère de la jungle et du *struggle for life*, jungle dans laquelle les hommes n'avaient à peu près aucune véritable liberté individuelle, et dans laquelle ils n'avaient qu'un seul objectif dans l'existence, qui était de survivre.

Après la libération sociale et politique progressive, qui a petit à petit entre les années – 1000 et + 1900 rendu la société plus égalitaire et plus démocratique, en abolissant tour à tour l'esclavage, les castes, les ordres nobiliaires, puis les inégalités entre les sexes.

Après, enfin, l'accroissement significatif de la liberté d'action et de déplacement qu'a permis l'essor du capitalisme et du libéralisme jusqu'aux années 2100.

Après tout cela, ami lecteur, eh bien, je suis formel : les *Représentations* peuvent s'interpréter comme un nouveau point culminant dans le développement de la liberté individuelle à travers les âges.

La contrainte matérielle et corporelle qui pesait lors des deux derniers siècles est levée. Au XXIème siècle, on n'impose officiellement il est vrai plus à quiconque d'être esclave à vie, du moins dans certaines parties du monde, mais on ne peut s'opposer à ce que certains soient naturellement malades, ou bien difformes, ce qui du strict point de vue du concept de la liberté, est tout aussi intolérable, n'est-ce pas ? Au sein des *Représentations*, comme vous l'aurez compris tout au long de ce récit, ami lecteur, nul n'est handicapé d'une quelconque manière, et chacun peut librement vivre la vie représentée à laquelle il aspire…

Or si la technologie des *Représentations* constitue déjà en elle-même une étape importante dans cette évolution, accompagnée à partir des années 2300 de la structure immatérielle des Créatures, elle devient pour de bon l'aboutissement que je mentionnais.

Elle supprime toute contrainte liée à la survie des individus, ce qui augmente presque à l'infini leur temps disponible pour toutes les autres activités, et étend corrélativement le champ de leur liberté individuelle d'action et de réflexion.

De la même façon, elle permet l'égalité parfaite des possibilités pour chacun des individus, via la gratuité et la disponibilité totale de tous les biens de la civilisation, c'est-à-dire de la Connaisssance.

Enfin, la civilisation des *Représentations* constitue l'aboutissement de la liberté politique, puisqu'elle est la première à parvenir à mettre en place un régime de démocratie directe intégral.

Ami lecteur, franchement, qui dit mieux ?

Evidemment, cette civilisation n'est pas non plus la panacée, ni le paradis sur Terre. – Rappelez-vous que nous avons tout de même perdu notre corps dans la bagarre. Et puis, de nombreuses questions d'ordre philosophique y demeurent sans réponse, ce qui n'est jamais complètement satisfaisant - toutes les questions métaphysiques sur l'origine de la vie et de l'univers, par exemple. La conséquence pratique en est d'ailleurs qu'y sont préservées certaines préoccupations d'ordre religieux.

Se pose dès lors la question de la forme possible de l'étape *suivante* de la civilisation.

Si la civilisation des *Représentations* n'est en effet elle-aussi qu'une phase du développement de l'histoire des civilisations, quelle pourrait être le visage de celle qui lui succédera ?

Au-delà du désir de connaissance sans cesse accru, qu'y-a-t-il de plus à vouloir et à conquérir ?

En ce point, ami lecteur, j'avoue que je ne sais plus quoi dire.

Quelle est la place de la civilisation des *Représentations* dans l'univers ?

Serait-ce de devenir une sorte de « bibliothèque universelle du savoir » à disposition du reste de l'univers ?

Dans cette hypothèse, à travers les *Représentations* et les Créatures, le destin de l'humanité serait de devenir en quelque sorte *l'esprit* de l'univers. Si l'univers est un être organique en croissance – ce qui n'est, ma foi, pas impossible, sa conscience et son savoir *seraient* alors très exactement l'humanité, en développement donc elle-aussi, et prenant seulement petit à petit conscience à travers ses différents stades de son rôle et de sa destinée…

Allez, ami lecteur, je crois qu'il est temps que nous nous quittions, vous allez dire que je commence à m'égarer, vous allez finir par me prendre pour un fou, ce que je ne suis absolument pas, je vous assure.

Une dernière chose pourtant.

En relisant les dernières pages de ce récit, je me rends compte d'une chose stupéfiante, et il est stupéfiant aussi que je ne m'en sois pas aperçu jusque-là, qui est que les Créatures sont peut-être déjà parmi nous.

Plaît-il ?

Rappelez-vous, en effet, les Créatures sont quasi omniscientes, et vu leur taille, elles sont invisibles pour toutes les autres espèces vivantes ; grâce aux *Représentations*, elles ont le don d'ubiquité, et elles sont petit à petit présentes partout dans l'univers du fait de l'extension croissante de leur champ d'investigation matérielle. En outre, comme ce qui les intéresse est la Connaissance, et non la conquête de terrains, il n'est pas certain qu'elles signalent leur présence dans les nouveaux territoires qu'elles découvrent, afin de ne pas les perturber, comme dans l'expérience du chat de Schrödinger.

Les Créatures pourraient donc déjà être parmi nous à nous observer, sans que nous le sachions ?

Si elles étaient les successeurs d'une espèce autre que la nôtre qui aurait initialement vécu dans une planète autre que la Terre, située dans un univers autre que celui que nous connaissons, et si ces Créatures d'un autre univers avaient déjà pu parcourir la distance matérielle qui nous sépare d'elles, rien ne serait plus probable au contraire… car vous et moi sommes un sujet d'observation intéressant, il me semble…

Or rien ne s'oppose à cette hypothèse dans le scénario que je vous ai décrit, n'est-ce pas ?

Rien n'oblige finalement tout ce dont nous avons parlé à se passer sur Terre, n'est-ce pas ?

Ce que je vous ai décrit est la description d'un mode d'évolution des civilisations beaucoup plus général que le seul développement de l'humanité !

Cette évolution est vraie pour toute espèce dotée d'un cerveau capable d'acquérir et de conserver des connaissances, elle n'est pas seulement valable pour l'homme.

D’une certaine manière, la conclusion de mon récit est donc que toute espèce de ce type tend vers ce que j’ai appelé la « Créature ».

Puissante généralisation de mon propos, n’est-il pas ?

Mais alors… ! me direz-vous d’une voix étouffée par l’émotion.

Eh bien… mais alors, rien du tout, ami lecteur, je ne fais pas de science-fiction, vous le savez.

Savoir si ces Créatures d’un autre univers sont ou non déjà parmi nous est une question indécidable. C’est une possibilité théorique, qui est aussi impossible à prouver que l’existence de Dieu. Je ne m’y intéresse donc pas.

Et puis, que les Créatures soient déjà parmi nous, ou qu’elles n’apparaissent pas avant mille ans, qu’est-ce que cela change à mon propos, vraiment ?

Sur ces aimables réflexions, je vous laisse, vous avez désormais de quoi réfléchir pour au moins les prochaines trente minutes de votre vie, et peut-être même plus.

L'HARMATTAN ITALIA
Via Degli Artisti 15; 10124 Torino
harmattan.italia@gmail.com

L'HARMATTAN HONGRIE
Könyvesbolt ; Kossuth L. u. 14-16
1053 Budapest

L'HARMATTAN KINSHASA
185, avenue Nyangwe
Commune de Lingwala
Kinshasa, R.D. Congo
(00243) 998697603 ou (00243) 999229662

L'HARMATTAN CONGO
67, av. E. P. Lumumba
Bât. – Congo Pharmacie (Bib. Nat.)
BP2874 Brazzaville
harmattan.congo@yahoo.fr

L'HARMATTAN GUINÉE
Almamya Rue KA 028, en face
du restaurant Le Cèdre
OKB agency BP 3470 Conakry
(00224) 657 20 85 08 / 664 28 91 96
harmattanguinee@yahoo.fr

L'HARMATTAN MALI
Rue 73, Porte 536, Niamakoro,
Cité Unicef, Bamako
Tél. 00 (223) 20205724 / +(223) 76378082
poudiougopaul@yahoo.fr
pp.harmattan@gmail.com

L'HARMATTAN CAMEROUN
BP 11486
Face à la SNI, immeuble Don Bosco
Yaoundé
(00237) 99 76 61 66
harmattancam@yahoo.fr

L'HARMATTAN CÔTE D'IVOIRE
Résidence Karl / cité des arts
Abidjan-Cocody 03 BP 1588 Abidjan 03
(00225) 05 77 87 31
etien_nda@yahoo.fr

L'HARMATTAN BURKINA
Penou Achille Some
Ouagadougou
(+226) 70 26 88 27

L'HARMATTAN SÉNÉGAL
10 VDN en face Mermoz, après le pont de Fann
BP 45034 Dakar Fann
33 825 98 58 / 33 860 9858
senharmattan@gmail.com / senlibraire@gmail.com
www.harmattansenegal.com

L'HARMATTAN BÉNIN
ISOR-BENIN
01 BP 359 COTONOU-RP
Quartier Gbèdjromèdé,
Rue Agbélenco, Lot 1247 I
Tél : 00 229 21 32 53 79
christian_dablaka123@yahoo.fr

Achevé d'imprimer par Corlet Numérique - 14110 Condé-sur-Noireau
N° d'Imprimeur : 134966 - Dépôt légal : janvier 2017 - *Imprimé en France*

www.ingramcontent.com/pod-product-compliance
Lightning Source LLC
LaVergne TN
LVHW021227061026
849535LV00008B/2958